VENDU AU PROFIT DES VICTIMES

LES INONDATIONS DE 1875

DANS LE SUD-OUEST

TOULOUSE, CASTELSARRASIN, MOISSAC, AGEN, ETC.

Prix : 1 Franc

ÉDITÉ PAR LE JOURNAL *LA DÉPÊCHE*

TOULOUSE

LES

INONDATIONS DE 1875

DANS LE SUD-OUEST

VENDU AU PROFIT DES VICTIMES

LES

INONDATIONS DE 1875

DANS LE SUD-OUEST

TOULOUSE, CASTELSARRASIN, MOISSAC, AGEN, ETC.

ÉDITÉ PAR LE JOURNAL *LA DÉPÊCHE*

TOULOUSE

Nous avons eu la pensée de résumer ici, dans un exposé rapide des causes du désastre et des faits principaux qui l'ont marqué, tout ce qui a été dit ou signalé de plus intéressant, afin de fixer le souvenir de l'un des événements les plus terribles qui aient désolé notre pays.

Ce n'est pas une pensée de lucre qui dicte notre travail ; certes, on ne pourrait en avoir de semblable en un pareil moment. Ce qui nous l'a inspiré, ce sont les marques de sympathie, les témoignages affectueux que nous recevions de tous les points de la France et de l'Europe.

Cette touchante sollicitude du public nous a fait penser qu'il accueillerait avec empressement un travail dont le seul mérite est d'être la narration aussi complète que possible des faits douloureux et des actes d'héroïsme dont nous avons été témoins et qui lui permettrait de suivre, d'après le plan annexé à cette brochure(1), la marche du fléau, de se rendre un compte exact du tableau que présentent en ce moment les quartiers dévastés.

Nous avons calculé que, pour un prix modique, cette curiosité, si vive, si sympathique, pourrait être satisfaite, et que, après le compte fait des frais de toute sorte pour l'établissement de ce

---

(1) Ce plan a été dressé après l'inondation, à l'aide du grand plan de Toulouse édité par la maison H. Labouche, imprimeur-libraire, place du Capitole.

LA GRANDE INONDATION DE 1875

I

Le bassin supérieur de la Garonne. — Les inondations précédentes. — Causes des inondations. — La Garonne devant Toulouse.

Partout dans ce monde le mal est à côté du bien, la laideur à côté de la beauté. L'homme, par la puissance de son génie, fait servir à la satisfaction de ses besoins les forces de la nature; mais parfois ces mêmes forces, mal domptées ou indomptables, se révoltent et deviennent de terribles agents de destruction.

Les cours d'eau qui sillonnent la surface du globe sont, sans contredit, les bienfaiteurs des contrées qu'ils arrosent; mais ils en sont aussi, trop souvent, hélas! les ravageurs.

Descendus des montagnes, où ils ont leur source dans la région des neiges éternelles, ils se réunissent dans les plaines, où ils forment des rivières, ces grands fleuves navigables qui, selon l'heureuse expression de Pascal, sont des chemins qui marchent. Au terme de leur course, ils travail, ceux de transport et de recouvrement, et enfin les remises aux intermédiaires, il resterait encore une part que nous estimons devoir être du cinquième environ de la somme, qui profiterait à l'œuvre des inondés par les soins du Comité dont notre journal fait partie.

Nous avons eu un autre but encore : c'était, en présentant le tableau du désastre, d'éveiller l'attention publique sur la question si importante des causes qui l'ont produit, qui pourraient le renouveler encore, et de provoquer, de la part des hommes compétents, l'étude du problème qui intéresse le plus notre région après les calamités dont elle vient d'être la victime.

Nous voulons parler de la question de la captation ou retenue des eaux dans les bassins principaux de la Garonne et de l'Adour au moyen de digues fermant les immenses réservoirs naturels qui existent dans les hautes vallées, à l'origine de ces fleuves.

Cette question si importante, et qui a déjà été traitée par des esprits éminents et convaincus, s'impose aujourd'hui à l'attention de tous. Il faut donner la sécurité aux riverains de ces fleuves, afin qu'ils puissent désormais travailler en paix dans leurs champs ou dans leurs usines, sans avoir à craindre le retour de ces effroyables catastrophes qui éclatent comme la foudre, ne laissant après elles que la ruine, la dévastation et la mort.

J. SIRVEN.

6 Juillet 1875.

de la civilisation générale, il en est bien peu qui ne soient pas assises sur les rives d'un grand cours d'eau, ou à une faible distance des bords de la mer.

II

Mais parfois ces bienfaiteurs des plaines font payer cher aux riverains leurs bienfaits. Les rivières tout à coup grossissent et se changent en torrents dévastateurs. Elles débordent ; elles se précipitent avec violence hors de leur lit, inondent les villes et les campagnes, portant la mort et la ruine dans les lieux mêmes où, la veille encore, elles entretenaient la vie et répandaient le bien-être.

Considérez ce cours d'eau qui serpente paresseusement dans la plaine, sous de frais ombrages, à travers des prairies verdoyantes : qui dirait, à voir ces eaux calmes et dormantes, dont la surface unie comme un miroir brille au soleil comme une nappe d'argent liquide, qui dirait que demain peut-être il sèmera l'épouvante et la destruction parmi les populations qui vivent, heureuses et insouciantes du danger, sur ses rives ? Quels charmants et gracieux paysages ! L'eau est une des plus belles parures de la nature. Partout où elle coule, la terre a un air de fête et sourit. Quelle opulente verdure dans ces plaines couvertes de moissons qui lentement mûrissent ! Que de richesses accumulées dans ces campagnes peuplées de travailleurs et d'animaux utiles, semées d'habitations, de hameaux, de villages gais, riants à l'œil, respirant l'aisance ! On sent qu'ici la vie est facile et que la nature paie en largesses le travail de l'homme. Que d'usines puissantes, que d'ingénieux mécanismes, créations merveilleuses de l'esprit humain, la rivière met en mouvement comme en se jouant ! Quelle animation, quelle se perdent dans la mer, d'où ils reviennent à leur point de départ sous forme de vapeurs, et cela toujours, sans repos ni trêve. Cette admirable circulation des eaux à la surface de notre globe est en grand ce qu'est dans l'intérieur du corps humain la circulation du sang. L'eau est le fluide nourricier, le sang de la terre.

Dans leur course rapide et ininterrompue vers la mer, partout sur leur passage les eaux des rivières et des fleuves répandent la fécondité, la richesse et la vie. Elles fertilisent la terre; elles éveillent, mettent en activité les énergies vitales qui sommeillent dans les profondeurs du sol. Pas de végétation sans eaux courantes. Dans les lieux où elles manquent, règne le désert dans son âpre nudité, dans sa triste et monotone solitude.

Ce n'est vraiment pas trop dire, que de dire des fleuves et des rivières qu'ils sont les créateurs du commerce et de l'industrie. C'est sur leurs bords que la civilisation a pris naissance et a grandi. Dès la plus haute antiquité, partout où l'homme passe de la vie nomade et sauvage à la vie sédentaire et civilisée, on voit les premières agglomérations humaines se fixer sur les bords de ces routes liquides, qui sont les voies naturelles de communication entre les peuples, et qui, en facilitant l'échange des produits et des idées, activent la production et suscitent les créations de l'esprit. Là, dès que commencent à poindre les premières lueurs de la civilisation, on voit naître et se développer, par une croissance rapide, des cités populeuses, premiers asiles de la pensée humaine, de la science et de la liberté, destinés à devenir bientôt des centres puissants d'activité politique, industrielle et commerciale, des foyers de lumière. Il en est de même de nos jours : jetez les yeux sur une carte du globe, vous constaterez que, dans le nombre des villes qui jouent un rôle important dans l'œuvre commune activité féconde dans ces villes populeuses, dans ces grandes fourmilières humaines qui, de loin en loin, étalent orgueilleusement sur les bords leurs monuments, leurs quais, leurs chantiers, leurs entrepôts ! Il semble qu'il y ait communauté de vie entre elles et le cours d'eau qui baigne leurs pieds. Je ne sais quelle sympathie secrète, quelle solidarité mystérieuse et fatale les unit.

Eh bien! il suffit d'un instant pour que tout cela soit détruit et pour que ce tableau si riant, si plein de vie et de joie, se change en un tableau de désolation et de deuil. Écoutez : entendez-vous dans le lointain ce bruit sourd comme le bruit des avalanches? C'est le grondement plein de menaces de la rivière, grossie par les torrents qui roulent avec fracas du haut des montagnes. De minute en minute, le volume de ses eaux grandit; s'enfle avec une rapidité effrayante. Ce n'est plus une rivière : c'est un énorme torrent qui se précipite avec une impétuosité, une force irrésistibles, renversant tous les obstacles qu'il rencontre sur sa route. Hâtez-vous de fuir, malheureux habitants des terres riveraines, si vous ne voulez pas être emportés par le courant dévastateur, ou ensevelis sous les ruines de vos demeures. Hélas! il est déjà trop tard. La rivière est sortie de son lit et a inondé ses rives. En un instant, la plaine est ravagée, les récoltes sont détruites, les villages emportés, les usines dévastées. Les maisons s'effondrent; les villes atteintes par le fléau ne sont plus qu'un amas de ruines et de décombres; les arbres déracinés, les débris des édifices, les cadavres des hommes et des animaux surpris par l'inondation sont violemment entraînés par les eaux.

III

Telles sont les calamités qui, de temps en temps, s'abattent sur les contrées que traversent les grands cours d'eau. Il n'y a pas d'exagération à dire que les inondations sont un des plus terribles fléaux qui affligent l'humanité. Il n'en est aucun qui, en si peu de temps, fasse autant de ravages, accumule autant de désastres. Il n'en est aucun qu'il soit plus difficile de combattre et d'arrêter dans sa marche.

Quelle est, ou plutôt quelles sont les causes des inondations? Le plus souvent elles sont dues à une fonte trop brusque et trop abondante des neiges; aussi ont-elles presque toujours lieu au printemps. Le printemps est dans nos climats la saison des pluies. Qu'il pleuve en abondance, pendant plusieurs jours de suite, dans les montagnes, aussitôt les torrents, les petits cours d'eau grossissent. Ces pluies chaudes, en s'écoulant dans les hautes vallées, déterminent la fonte des amas de neiges que l'hiver y avait amoncelés. Alors, ce ne sont plus de simples cours d'eau qui viennent alimenter les rivières : ce sont de véritables fleuves qui se précipitent, en une seule masse, des sommets des montagnes, avec une impétuosité, une violence dont on se fait difficilement une idée. Les lits des rivières ne peuvent plus contenir cette masse énorme d'eau dont l'écoulement, malgré l'effrayante vitesse avec laquelle elle se meut, n'est pas assez rapide dans les plaines. De là les crues et les débordements.

C'est à cette cause que nous devons, selon toute apparence, la dernière inondation. Le mois de juin a été, cette année, dans nos contrées, exceptionnellement pluvieux. Il a plu presque sans interruption et à torrents depuis la fin mai jusqu'au 24 juin. Des trombes d'eau se sont très probablement abattues sur les hautes vallées de la région pyrénéenne. L'hiver dernier, de grandes quantités de neiges étaient tombées; à la fin de mai, les Pyrénées en étaient encore couvertes. Les pluies chaudes et torrentielles du printemps ont fondu ces neiges, qui sont descendues en avalanches liquides dans les vallées inférieures, où elles ont déterminé une crue extraordinaire, sans précédent jusqu'à ce jour, de tous les cours d'eau du bassin de la Garonne.

Indépendamment de ces causes accidentelles, on a assigné aux inondations une autre cause plus générale et, depuis des siècles, permanente : je veux parler du déboisement des montagnes. Il peut paraître singulier, à première vue, que le déboisement des montagnes ait de tels effets; mais, pour peu qu'on réfléchisse au rôle que remplissent les grands végétaux dans la nature, on se convaincra que l'homme, en dénudant les montagnes, a travaillé à sa propre ruine et qu'il a ajouté aux causes naturelles des inondations une nouvelle cause, peut-être plus puissante et plus active que les autres.

En effet, les végétaux qui croissent sur les flancs des montagnes retiennent par leurs racines les terres et les empêchent de glisser dans les vallées. Ces terres absorbent une partie des eaux provenant des pluies et de la fonte des neiges; d'autre part, les feuilles des végétaux absorbent l'humidité de l'atmosphère : de telle sorte que le régime des rivières, qui arrosent nos vallées et nos plaines, est naturellement régularisé par l'action de ces masses végétales; tandis qu'au contraire, partout où la roche est à nu, l'humidité n'étant absorbée ni par le sol, ni par les végétaux, les pluies doivent être et sont, en effet, plus abondantes et transforment rapidement en torrents les plus minces cours d'eau.

IV

Le bassin de la Garonne a été fréquemment ravagé par les inondations; l'histoire a conservé le souvenir des plus calamiteuses. Nous croyons devoir en consigner ici les dates; mais, auparavant, il nous faut dessiner à grands traits notre bassin.

La Garonne prend sa source dans la vallée d'Aran, petite vallée espagnole qui se trouve au delà de Bagnères-de-Luchon et qui entre comme un coin dans le territoire français.

Elle a pour affluents principaux, en amont de Toulouse, la Pique, qui passe à Luchon et qui forme ces belles cascades de la vallée du Lys, bien connues des touristes. Après la Pique, vient la Neste, charmante rivière qui perd son nom et son individualité à Montréjeau; puis le Salat, qui passe à Saint-Girons (Ariége); la Louge, à Muret; enfin, l'Ariége, toujours violente et impétueuse, qui débouche dans la Garonne, à quelques kilomètres de Toulouse, en face de Portet-Saint-Simon, petit village situé sur la rive gauche.

Entre le lit actuel de la rivière et le village de Portet, s'étendent de vastes terrains d'alluvion déposés par les eaux de la Garonne, dont le lit était autrefois, en ce point, plus rapproché du village. C'est dans les parties graveleuses de ces terrains que l'administration municipale républicaine, dont M. Ebelot était le chef, et qui fut dissoute, après le 24 mai 1873, par M. Welche, alors préfet de la Haute-Garonne, c'est là, dis-je, que la précédente administration municipale, soutenue par la majorité du Conseil et par l'opinion publique, a fait établir de nouvelles galeries filtrantes destinées à alimenter Toulouse d'eau potable. Les eaux, recueillies par ces galeries, sont amenées, par une conduite souterraine d'une longueur de 8,500 mètres, au nouveau Château-d'Eau, d'où elles sont refoulées et distribuées en ville.

Qu'on me permette ici une courte digression. Puisque l'occasion s'en présente, je veux, en passant, rendre publiquement justice à l'auteur de ce beau travail hydraulique, M. Roux, aujourd'hui attaché au Bazacle en qualité d'ingénieur. Avant le 24 mai 1873, M. Roux était ingénieur de la ville. Est-il besoin d'ajouter qu'il partagea le sort de l'administration municipale qui utilisait ses services?

Pendant que les travaux étaient en cours d'exécution, M. Roux, ainsi que l'administration qui avait défendu et fait adopter son projet, a été l'objet d'attaques violentes et calomnieuses. On disait que les travaux ne tiendraient pas; que, à la première crue de la Garonne, les graviers où sont établies les galeries seraient emportés, ou tellement colmatés, que leur puissance filtrante serait anéantie.

La dernière inondation a surabondamment, trop surabondamment démontré le mal-fondé de ces critiques dictées par la malveillance et la passion politique. Les galeries sont intactes, et elles n'ont pas cessé un seul instant de fonctionner. Que serait-il arrivé si l'administration, intimidée par les criailleries des ennemis de M. Roux, qui étaient en même temps les siens, n'avait pas persévéré dans son projet? A l'heure qu'il est, et depuis huit jours, Toulouse manquerait d'eau pour son alimentation.

Quant aux inondations antérieures à celle de 1875, et dont l'histoire nous a conservé le souvenir, je ne puis mieux faire que de reproduire le passage suivant d'une intéressante et savante brochure de M. Edmond de Planet (1).

M. de Planet s'exprime ainsi :

« Ces événements justement redoutés des populations riveraines de notre fleuve ne sont pas heureusement très

---

(1) *Aperçu historique sur les usines alimentées par les eaux de la Garonne, sur leurs récepteurs hydrauliques et leur puissance dynamique* (Extrait des Mémoires de l'Académie des sciences de Toulouse).

fréquents, et l'on peut dire que si régulièrement, au printemps ou à l'automne, la Garonne est sujette à des crues annuelles, ce n'est qu'à de longs intervalles qu'elles se présentent avec tous les caractères d'une désastreuse intensité.

» Quelle a été depuis les temps géologiques la loi de décroissement des grandes crues périodiques, dont le fond de nos vallées, postérieurement à la période lacustre, présente les traces les moins équivoques ? La vaste nappe alluviale de galets roulés, de sables et de dépôts argilosiliceux qui recouvrent la formation miocène, a-t-elle été le résultat d'un seul cataclysme, ou bien n'est-ce que successivement que les dépôts se sont effectués et que s'est formé le lit actuel ou le thalweg de la vallée ?

» La solution de ces questions qui se compliquent du changement, très apparent sur divers points, du lit de notre fleuve, pourrait peut-être s'induire de l'examen attentif des dépôts stratifiés sur ses deux rives; mais dans tous les cas, on peut admettre que l'exhaussement de ces dernières n'a pu être, jusqu'à une distance quelquefois assez grande, que le résultat de crues successives plus ou moins intenses.

» Quoi qu'il en soit, au delà d'une époque très rapprochée de nous, l'histoire reste muette sur les grands débordements des fleuves. César, qui dans ses Commentaires a fait de nos voies fluviales une mention toute particulière, et le grand géographe des Gaules, Strabon, auquel le même sujet a fourni matière à des pages pleines de son admiration, ne mentionnent aucun événement de ce genre arrivé de leur temps; et ce n'est guère qu'à partir du XIVe siècle que l'Histoire de Toulouse enregistre les inondations les plus mémorables, produites par les débordements de la Garonne. Qu'il nous soit permis de les rappeler brièvement.

» En 1123, la Garonne déborde dans les campagnes et y occasionne des pertes incalculables.

» En 1537, une inondation emporte une partie des moulins du Bazacle et de sa chaussée, et fait de grands dégâts du côté du faubourg Saint-Cyprien : les campagnes sont submergées.

» La crue de 1599 occasionna des pertes énormes dans les propriétés rurales ; les rivières sortirent presque toutes de leur lit, le pont de Montaudran fut emporté par les eaux de Lhers ; néanmoins, les arches du pont de Toulouse, auquel on travaillait alors, furent peu endommagées.

» Le 12 septembre 1727, la Garonne sortit de son lit et inonda la contrée. Cinquante filles *repenties* enfermées dans une maison de Tounis perdirent la vie, ainsi que le P. Badou, enfermé dans la maison. Il y eut 939 maisons renversées ; plus de dix mille setiers de froment qui étaient dans les greniers du moulin furent emportés par les eaux ; les pertes furent évaluées à 800,000 francs. Le roi accorda une allégeance de 93,000 francs sur les impositions.

» La crue du 17 septembre 1772 fut plus désastreuse encore ; les eaux s'élevèrent si haut, qu'on allait en bateau dans le faubourg Saint-Cyprien. Plusieurs maisons de ce faubourg et de celui de Saint-Michel furent emportées par le courant. L'île de Tounis était entièrement couverte, et on n'apercevait que le faîte des maisons. L'hospice Saint-Jacques s'écroula en partie, et perdit tous ses approvisionnements ; plus de vingt personnes périrent dans ce désastre. Les cimetières furent défoncés par le courant, et l'on voyait entrer par les fenêtres des maisons inondées des cadavres putréfiés, d'où les habitants qui s'y tenaient encore les repoussaient avec horreur. Les pertes s'élevèrent cette fois à près d'un million de francs.

» En 1790, une inondation, quoique moindre que la précédente, emporta cependant les établissements récemment construits sur la rive droite du Canalet, au-dessous du Bazacle, et notamment la nouvelle papeterie créée à l'aide d'une subvention de la ville, par le sieur Lorié. Les fondements seuls restèrent debout.

» Le 21 mai 1827 fut encore signalé par une grande inondation, et les Toulousains n'ont pas oublié le généreux dévouement dont fit personnellement preuve en cette occasion M. de Montbel, alors maire de Toulouse, pour porter secours aux inondés de Tounis. Une grande quantité de métiers à filer le coton, nouvellement construits, furent détruits en aval du Bazacle.

» Le 30 mai 1835, les eaux de la Garonne s'élevèrent à une grande hauteur, mais elles restèrent d'environ 30 à 40 centimètres au-dessous du niveau de l'inondation du 17 septembre 1772. Néanmoins, les pertes causées par ce débordement furent très considérables. Les maisons de l'île de Tounis souffrirent beaucoup. L'île du Bazacle et la rive droite du Canalet, vers lesquels se porte principalement le courant, étaient couvertes de planches, de madriers et de fortes pièces de bois entraînés du haut de la rivière ou des chantiers du Port-Garaud. Les pertes furent très sensibles et se trouvèrent en partie couvertes par une souscription publique qui eut lieu à cette occasion.

» La dernière crue de la Garonne qui soit à noter, date de 1855; mais quoique moins haute que les précédentes, arrivées subitement, les eaux eurent assez de force pour causer la destruction du pont suspendu de Saint-Pierre.

» Il résulte du rapprochement de ces dates, que l'intervalle qui séparait autrefois deux grandes crues a considérablement diminué à partir de 1772. Depuis cette époque, en effet, le plus long et le plus court laps de temps écoulé entre deux crues consécutives, est de 37 et de 8 années, tandis qu'ils étaient de 128 et 55 années avant cette époque.

» Ce fait remarquable semble venir à l'appui de l'opinion

qui attribue au déboisement des montagnes la fréquence et peut-être aussi l'intensité des débordements des fleuves.

» Cette cause, qui n'est pas non plus, sans doute, sans exercer quelque influence sur l'abaissement excessif de leur niveau dans les temps de grande sécheresse, a été l'objet de préoccupations les plus sérieuses de la part du Gouvernement.

» Déjà commencé par ses soins sur quelques points, l'œuvre immense, mais non impossible du reboisement des flancs dénudés de nos montagnes, se continue. Espérons donc que dans l'avenir nous verrons s'amoindrir, sinon disparaître entièrement ce terrible fléau des inondations causé par les débordements de notre fleuve et ses abaissements de niveau qui, quoique moins funestes, n'en sont pas moins préjudiciables à l'agriculture et à l'industrie. »

V

Quel moyen pourrait-on employer pour prévenir le retour de ces désastreux débordements qui, de loin en loin, jettent la désolation dans les bassins de nos rivières et engloutissent, dans l'espace de quelques heures, tant de richesses ? La question devrait être sérieusement mise à l'étude par le Gouvernement et par nos Sociétés savantes. L'industrie humaine, qui a déjà triomphé de tant d'obstacles, ne peut pas reculer plus longtemps devant ce grave problème : il réclame impérieusement une solution.

Le reboisement des montagnes serait certainement un remède, mais un remède insuffisant. D'ailleurs, c'est là une opération qui ne peut s'accomplir que lentement, avec la collaboration des siècles. Or, il y a urgence. Il faut donc chercher, trouver un autre remède plus expéditif, immédiatement applicable et efficace.

On a déjà proposé, croyons-nous, le moyen suivant : il suffirait de créer, dans les vallées supérieures des montagnes, de grands lacs artificiels. On fermerait ces vallées au moyen de digues puissantes, et on déterminerait ainsi de vastes bassins, dans lesquels on emmagasinerait à volonté les eaux pluviales et les neiges fondues, qui coulent des hautes cimes. Les crues seraient alors presque insensibles dans le lit des fleuves et des rivières, et, dans les temps de sécheresse, on n'aurait qu'à ouvrir les vannes des réservoirs, pour restituer aux plaines l'eau qui leur manquerait.

De la sorte, ce double résultat serait du même coup atteint : on serait à la fois à l'abri des inondations et des conséquences non moins funestes des sécheresses prolongées.

Il nous semble que le moyen que nous venons d'indiquer serait parfaitement efficace, et qu'il résout de la manière la plus simple le problème. Il mérite l'attention des hommes compétents. Que coûterait-il, d'ailleurs, d'en faire immédiatement l'essai? Que l'initiative individuelle se mette en mouvement : nous sommes convaincu que, rien que dans le bassin de la Garonne, on trouverait bientôt chez les intéressés, les propriétaires riverains et les usiniers, des ressources suffisantes pour tenter cette grande et utile expérience. Il y va des intérêts de l'agriculture et de l'industrie.

Si nous ne nous trompons pas, des études ont été déjà faites dans les Pyrénées, en 1818 et 1819, études qui avaient pour objectif la mise en œuvre de ce projet. Elles ont eu pour résultat de démontrer qu'il serait facilement réalisable, et que sa réalisation n'entraînerait pas une dépense aussi considérable qu'on pourrait le croire. On trouve, en effet, dans les Pyrénées, nombre de vallées qui sont presque des réservoirs naturels, et dans lesquelles il y aurait peu de travaux à faire, pour les transformer en de véritables lacs artificiels. Il semble que la nature ait pris la peine, dans les lieux mêmes où résident les causes des inondations, de nous indiquer la marche à suivre, le moyen à employer pour nous préserver du fléau.

Dans la vallée d'Aure, qui se déverse dans la vallée de la Neste, l'État fait travailler, depuis deux ans, à la construction d'un vaste réservoir, destiné à recueillir les eaux supérieures qui arrosent cette vallée.

A l'extrémité de la vallée de Louron, où la Neste prend sa source, il serait extrêmement facile de construire un bassin qui retiendrait les eaux surabondantes. Là, on retrouve des vestiges d'une brèche, qui indiquent qu'à une époque inconnue la vallée était fermée et occupée par un lac. Le fond de cet ancien réservoir, naturel ou artificiel, est aujourd'hui cultivé et habité; on y voit trois petits villages.

En barrant la vallée qui descend du lac d'Oô, on obtiendrait pour résultat un accroissement considérable du volume des eaux du lac.

La même opération pourrait être aisément accomplie dans le cirque de Gavarnie, où se trouve le lac Bleu, dans lequel l'Adour prend sa source.

VI

A partir de Portet, le lit actuel du fleuve s'infléchit à droite. En passant devant Toulouse, la Garonne décrit une courbe elliptique dont la concavité est tournée vers l'ouest. Toulouse s'étend sur la rive droite, en suivant la ligne convexe de la courbe. La rive gauche présente la forme d'un angle dont le sommet fait face à la pointe de l'arc elliptique décrit par le fleuve. L'espace compris entre les côtés de cet angle est — ou pour parler plus exactement, car aujourd'hui le faubourg n'existe plus — était occupé par le faubourg Saint-Cyprien, le plus important, le plus populeux des faubourgs de Toulouse, une petite ville de 18 à 20,000 âmes qui avait conservé son individualité propre, malgré le voisinage de la grande cité dont elle dépendait.

Trois ponts relient les deux rives : le pont suspendu de Saint-Michel en amont, le pont également suspendu de Saint-Pierre en aval; entre les deux, le Pont-Neuf, en maçonnerie, d'une grande hardiesse et d'une remarquable légèreté.

Sur la rive droite, en suivant le cours du fleuve, nous rencontrons d'abord le faubourg Saint-Michel et le Port-Garaud. C'est la partie la plus basse de la ville. Elle est occupée par des minoteries, des scieries mécaniques, de vastes chantiers, des entrepôts de bois, des teintureries, des fabriques de passementeries. En face, le grand ramier (1) du moulin du Château, où se trouvent également plusieurs usines, et notamment la Poudrerie. La force motrice qui met en mouvement toutes ces usines est fournie par la Garonne, qui est coupée en ce point par un premier barrage.

De là, nous arrivons au quai de Tounis, auquel font suite le quai de Brienne et le quai Saint-Pierre; puis, nous pénétrons dans le quartier des Amidonniers et dans le ramier du Bazacle. C'est le grand quartier industriel de Toulouse, une véritable ruche industrielle. Dans cet îlot, d'une longueur de 1,500 mètres sur une largeur moyenne de 100 mètres, fonctionnent, ou plutôt fonctionnaient, il n'y a que quinze jours, des minoteries, des papeteries, des tréfileries, des forges, des laminoirs, des fonderies, des filatures, des fabriques de chapeaux, de limes, de faux, de

---

(1) Ici on appelle ramier tout terrain d'alluvion entouré d'eau de tous côtés et complanté de peupliers et de saules.

clous, de pointes, de quincaillerie..... C'est là qu'est établie la manufacture des Tabacs, une des plus belles usines en ce genre, une des mieux outillées qu'il y ait en France. Elle est installée dans les bâtiments qu'avait fait construire, au commencement du siècle, Boyer-Fonfrède. Dans ces vastes bâtiments, Boyer-Fonfrède, qui était un homme d'initiative, avait créé une magnifique filature de coton. Ruiné par un procès qu'il dut soutenir contre la société du Bazacle, et qui ne se termina qu'en 1813, Boyer-Fonfrède fut forcé d'arrêter son usine en 1821. Le Domaine se rendit acquéreur du terrain et des bâtiments.

Toutes les usines dont nous venons de parler, et qui employaient, avant le désastre du 23 juin, environ 4,000 ouvriers, sont sous la dépendance de la grande chaussée du Bazacle, qui, en face du quai Saint-Pierre, barre le fleuve dans toute sa largeur.

Cette chaussée, un des plus beaux ouvrages en ce genre qui existent, a été construite, telle qu'elle est encore aujourd'hui, par M. Abeille, au commencement du siècle dernier. L'ancienne, qui datait du XIIIe siècle, avait été emportée en 1709 par une grande inondation. Sa longueur totale est de 292 mètres 30 centimètres; sa largeur moyenne est de 20 mètres 35 centimètres. Pour avoir une idée de sa solidité, il faut savoir qu'en temps de crue, la Garonne débite par seconde un volume d'eau de 5 à 6,000 mètres cubes. Elle résiste donc à l'énorme pression d'une masse équivalant à 60,000 quintaux métriques, animée d'une vitesse moyenne de 4 à 5 mètres par seconde.

La chaussée du Bazacle détermine, entre les murs de l'hôpital Saint-Jacques et de l'hôpital de la Grave, situés sur la rive gauche, et les quais de la Daurade et de Saint-Pierre, sur la rive droite, un vaste bassin dont les eaux sont retenues à plus de 4 mètres au-dessus des eaux d'aval. On évalue à près de 2,000 chevaux la force motrice développée par ce barrage, qui oblige la Garonne à faire, dans toute sa largeur, une chute de 1 mèt. 75 c. Le mugissement de cette cascade artificielle, l'impétuosité du courant, le bouillonnement des eaux qui tombent et qui soulèvent en les refoulant les eaux d'aval, donnent l'idée d'une tempête éternelle. Les usines du Bazacle et des Amidonniers n'utilisent que le tiers environ de cette prodigieuse force.

Plaçons-nous maintenant dans l'axe du Pont-Neuf, et faisons face à la rive gauche. Nous sommes presque sur la bissectrice de l'angle que dessine cette rive. Sur le prolongement de cette ligne, s'ouvre la grande rue de Saint-Cyprien, qui s'abaisse en son milieu par une pente rapide, pour se relever à sa sortie du faubourg, où elle a son point de jonction avec la route départementale de Lombez. C'est un détail qu'il importe de noter : le terrain sur lequel était bâti Saint-Cyprien présente, au débouché du pont, une forte dépression. La partie principale du faubourg occupait le fond de cette espèce d'entonnoir, où les eaux, arrivant de tous les côtés à la fois et de points plus élevés, devaient, dans la journée du 23 juin, s'engouffrer avec tant de violence et accumuler tant de ruines.

A notre droite, attenant immédiatement au pont de pierre, nous avons le grand hôpital Saint-Jacques, fondé en 1225, monument aux formes lourdes et massives, sombre d'aspect comme une forteresse, qui baigne ses pieds dans le fleuve; puis l'hôpital de la Grave avec son dôme, le moulin Lignières, les Abattoirs, et enfin le nouveau Château-d'Eau.

A notre gauche, le cours Dillon, auquel fait suite la route d'Espagne ou avenue de Muret, qui longe la Garonne. Cette magnifique terrasse, plantée de beaux arbres, est une des plus agréables promenades de Toulouse. Elle est à près de 7 mètres au-dessus du niveau ordinaire du fleuve. Une forte muraille, surmontée d'un parapet, la protége et retient les terres rapportées dont elle formée. Entre le pied de la muraille et la Garonne s'étend la prairie des Filtres, qui sert de champ de manœuvres. Dans cette prairie sont établies des galeries filtrantes qui correspondent avec l'ancien Château-d'Eau, situé à l'entrée du cours Dillon, et qui, avant la construction des nouvelles galeries de Portet, alimentaient la ville.

VII

L'Inondation de 1875. — La Nuit du 23 au 24 juin à Saint-Cyprien. — Visite au Faubourg.

Maintenant, il ne nous reste plus qu'à faire le récit des lamentables événements dont nous avons été les témoins impuissants, durant ces trois cruelles et interminables journées des 22, 23 et 24 juin, journées d'inexprimable angoisse, de douleur et de deuil, dont le souvenir ne s'effacera pas de longtemps de notre mémoire.

Je n'entrerai pas dans les détails; je ne surchargerai pas mon récit d'épisodes : on les trouvera plus loin. Ce que je me propose, c'est uniquement de donner une vue d'ensemble du désastre, désastre sans précédent dans les annales de notre Midi. Je ne vise pas à des effets de style; ce n'est pas une narration soigneusement étudiée, patiemment ciselée que je fais ici; je me borne à dire, aussi simplement que possible, ce que j'ai vu, et à rendre les impressions, encore toutes chaudes, qu'ont faites en moi les scènes d'indicible désolation auxquelles j'ai assisté. L'imagination elle-même reste dans certains cas au-dessous du réel, et la parole est impuissante à reproduire la réalité dans toute sa brutale et grandiose horreur.

C'est le mercredi, 23 juin, dans l'après-midi, que la crue de la Garonne atteignait son maximum : près de 10 mètres au-dessus du zéro de l'échelle, soit environ 2^m50 au-dessus du niveau auquel s'était arrêtée la crue de 1855, qui avait été la plus forte qu'on eût vue, depuis le commencement du siècle, dans le bassin de la Garonne.

Il pleuvait sans interruption depuis la fin du mois précédent ; des neiges, chose rare à cette époque de l'année, étaient tombées en abondance dans les Pyrénées, notamment sur les pics des montagnes au pied desquelles s'étend la ravissante vallée où Bagnères-de-Luchon est gracieusement couchée. Les nouvelles que nous recevions depuis plusieurs jours des pays d'amont étaient alarmantes. Tous les cours d'eau du bassin supérieur de la Garonne grossissaient à vue d'œil, et la Garonne elle-même était en crue. Dès le 21, elle commençait à charrier des débris arrachés à ses rives ou apportés dans son lit par ses affluents.

Dans la matinée du 23, elle était effrayante à voir. Elle avait l'air menaçant et farouche d'un animal sauvage qui a rompu sa chaîne et qui, tout hérissé, rugit avant de s'élancer sur sa victime. Elle se brisait en grondant et en tourbillonnant avec une rapidité vertigineuse contre les piles du pont et contre la chaussée du Bazacle. Ses eaux jaunâtres, chargées de limon, entraînaient pêle-mêle des débris de toute sorte : des poutres, des arbres entiers avec leurs racines, des meules de foin, des tonneaux, des toitures éventrées, des meubles disloqués, des instruments aratoires, des cadavres d'animaux, tristes épaves qui témoignaient en passant des ravages que l'inondation avait déjà faits en amont.

Dès le matin, les bas quartiers de la ville, le quartier

Saint-Michel, le Port-Garaud, le ramier du moulin du Château, étaient envahis. Les usines, les chantiers, les magasins étaient submergés, dévastés, et plusieurs maisons s'écroulaient. Un peu plus tard, les bains, les lavoirs flottants amarrés le long du quai de Tounis étaient emportés et allaient se briser contre les piles du grand pont. L'un d'eux passait sous une des arches, franchissait la chaussée du Bazacle et, comme un énorme projectile lancé par une monstrueuse machine de guerre, il heurtait avec un bruit sourd et prolongé, semblable à la détonation des plus fortes pièces d'artillerie, les murs d'une construction qui abritait une des plus importantes fabriques du ramier, une tréfilerie dont la valeur était évaluée à près d'un million. Sous le choc, les murs tombaient, la toiture s'effondrait, la cheminée coupée en deux chavirait : vous eussiez dit un château de cartes qu'un enfant s'amuse à démolir. L'instant d'après, de cette vaste construction, il ne restait plus rien que l'emplacement recouvert par les eaux, et, du bateau-lavoir, que des débris entraînés par le courant.

Vers une heure de l'après-midi, les piles du pont Saint-Pierre cédaient à la pression des eaux et le tablier s'abîmait avec un épouvantable fracas. Entre six et sept heures du soir, c'était le tour du pont Saint-Michel.

Dans l'intervalle, le ramier du Bazacle et le quartier des Amidonniers avaient été envahis. Là, comme au Port-Garaud et dans le quartier Saint-Michel, les usines avaient été saccagées, plusieurs constructions démolies. Impossible de calculer l'étendue des pertes causées sur ces points par l'inondation ! Nous l'avons dit plus haut : là était en grande partie concentrée l'activité, la puissance industrielle de Toulouse. Les mêmes eaux qui, trois jours auparavant, mettaient en mouvement toutes ces manufactures, en ont été le fléau. Toutes sont gravement endommagées ; quelques-unes sont arrêtées peut-être pour toujours. Sur certains points, le sol est littéralement rasé; les constructions, les machines, les marchandises ont totalement disparu. Le silence, un silence de mort, règne maintenant dans ces lieux, naguère si animés, si pleins de vie, de mouvement et de féconde agitation. Par bonheur, la chaussée et le moulin du Bazacle ont résisté : on ne peut songer sans effroi à ce qui serait arrivé, si la chaussée avait cédé, et si les bâtiments, de construction récente, où est établie la grande minoterie du Bazacle, avaient été emportés. La Garonne, au plus fort de la crue, débitait environ 18,000 mètres cubes d'eau par seconde, avec une vitesse variant entre 10 et 15 mètres. Il est impossible de se faire, même approximativement, une idée de la force colossale d'une pareille masse, animée d'une pareille vitesse ! Représentez-vous la puissance de destruction de ce formidable courant, après avoir fait une large trouée dans la chaussée et dans le moulin du Bazacle, se précipitant dans le quartier des Amidonniers ! Rien ne serait resté debout. Ce quartier aurait disparu tout entier.

Cependant, le pont de pierre tenait toujours et permettait encore de communiquer, non sans de grandes difficultés, avec le faubourg Saint-Cyprien. Mais il était sérieusement menacé. Une nouvelle crue était annoncée pour la nuit, et les ingénieurs craignaient qu'il ne fût emporté. Les eaux s'élevaient à la hauteur des arches; par instants, il oscillait sous leur pression, et de légères trépidations ébranlaient sa masse. Il résistait avec énergie aux furieux assauts du torrent : on eût dit que ce brave pont avait conscience du danger. On frémit rien qu'à la pensée des désastres qui auraient infailliblement suivi la chute de cette puissante masse de maçonnerie. Les quais de la rive droite, déjà ébranlés et lézardés sur plusieurs points, se seraient certainement effondrés, entraînant avec eux les maisons qui les bordent.

Sur la rive gauche, l'hôpital Saint-Jacques et l'hôpital de la Grave n'auraient pas résisté à la secousse et se seraient écroulés. Fort heureusement, la crue annoncée, bien qu'elle se soit produite, n'a pas eu les conséquences qu'on redoutait : les eaux s'étaient répandues dans les plaines en amont. Par suite, l'effet de cette nouvelle crue fut presque insensible dans le lit même du fleuve. Au lieu de s'élever, le niveau baissa un peu dans la nuit et la violence du courant diminua : c'est à cette seule circonstance que Toulouse doit d'avoir échappé à l'immense danger qui la menaçait.

Passons maintenant sur la rive gauche et pénétrons dans Saint-Cyprien. Là se prépare pour la nuit le plus sombre drame que l'imagination puisse rêver.

Vers midi, les eaux avaient commencé à faire irruption dans le faubourg. Les terrains bas sur lesquels sont construits les Abattoirs, l'hôpital de la Grave, le nouveau Château-d'Eau, avaient été les premiers submergés. Dans ces quartiers, quelques maisons s'étaient écroulées. Dès ce moment, on pouvait prévoir que le faubourg serait atteint par l'inondation. Une digue, improvisée à la hâte, avait été établie au débouché de l'avenue de Muret. Il était encore temps de fuir. Quelques-uns, les plus prévoyants, les plus avisés, étaient partis et s'étaient réfugiés sur les coteaux voisins ; mais la masse de la population était restée, ne se doutant pas du péril et se croyant suffisamment protégée par la haute barrière du cours Dillon. Quelques heures plus tard, cette imprudente confiance devait être cruellement trompée ; le désastre allait bientôt prendre des proportions gigantesques.

Vers six heures, au moment où le pont Saint-Michel était emporté, une énorme masse liquide, roulant avec violence, arrivait par l'avenue de Muret : en un clin d'œil, les maisons qui bordent cette avenue étaient renversées, mises en pièces.

Presque au même instant, la Garonne franchissait le cours Dillon, ravinant profondément l'esplanade et, glissant le long des pentes, tombait comme une avalanche dans cette espèce d'entonnoir que forme le terrain qu'occupait Saint-Cyprien. A cette heure, le faubourg était complètement inondé. Des torrents impétueux, arrivant de tous les côtés à la fois, se précipitaient, se heurtaient, tourbillonnaient avec fureur dans les rues, où les eaux montaient à la hauteur des premiers étages. De temps en temps, on voyait s'élever un nuage de poussière : c'était une maison qui s'écroulait. De la rive droite, nous assistions, consternés et impuissants, à cet affreux spectacle; toute la population de Toulouse était là, répandue sur les quais, morne, silencieuse, en proie à une anxiété poignante. La circulation était interrompue sur le pont. Depuis le matin, la pluie tombait avec une continuité désespérante, et à ce moment elle redoublait : le ciel, bas et brumeux, avait je ne sais quel aspect d'implacabilité sinistre.

Quelques citoyens dévoués, d'intrépides soldats, des officiers de la garnison avaient bien tenté, au péril de leur vie — plusieurs ont été victimes de leur dévouement — de porter secours et d'organiser des moyens de sauvetage; mais leurs efforts étaient stériles. Que faire? impossible de lutter contre le terrible élément. Il n'y avait plus qu'à se croiser les bras et à attendre, le désespoir dans l'âme, le dénouement de l'horrible drame.

La nuit arrivait. Représentez-vous le faubourg durant cette terrible nuit du 23 au 24 juin. La plupart des habitants avaient été obligés de chercher un refuge sur les toits de leurs demeures envahies par les flots. Que de drames navrants! quelles scènes d'horreur et d'épouvante au milieu de cette obscurité lugubre! Il faudrait avoir la plume du Dante du XIXe siècle, la plume de Victor Hugo, pour décrire dans ses émouvantes péripéties, pour peindre dans son effrayante vérité ce naufrage d'une ville... les sourds craquements des maisons qui s'effondrent ; le bruissement farouche des eaux parmi les décombres ; les cris de détresse des parents qui s'appellent et se cherchent dans les ténèbres ; l'effarement des femmes échevelées, demi-nues ; les clameurs entrecoupées d'effrayants silences ; des meubles de toutes formes, des portes arrachées de leurs gonds, des débris de toitures, des berceaux d'enfants, des cadavres roulant pêle-mêle, s'entrechoquant avec fracas dans les courants !..... Que de familles englouties sous les ruines des maisons qu'elles habitaient ! Une pauvre femme a accouché sur un toit : le père a sauvé l'enfant, mais la malheureuse mère n'a pas eu la force de se relever : elle est morte. Que d'enfants orphelins ! que de mères en deuil ! Fatale nuit ! qui pourra jamais dire les scènes de désespoir, les funèbres tragédies que tu as ensevelies dans ton ombre ?.....

Enfin le jour parut. Pendant la nuit, la Garonne avait baissé ; on put pénétrer, dès l'aube, dans le faubourg et procéder au sauvetage. Aussitôt commença le triste défilé de ces malheureux, que les fourgons de l'artillerie ramenaient en ville, pâles, exténués, presque nus, grelottant de froid et plongés dans la stupeur. Ils paraissaient n'avoir plus conscience de ce qui se passait autour d'eux et de leur propre situation. C'était un spectacle qui déchirait l'âme.

Pendant ce temps, la municipalité prenait les mesures nécessaires pour parer aux besoins les plus urgents de ces infortunés, parmi lesquels plusieurs étaient blessés, quelques-uns grièvement. Nous nous faisons un devoir de le proclamer bien haut : dans ces douloureuses circonstances, l'élan de la population toulousaine a été admirable. Chacun, dans la limite de ses moyens, a noblement fait son devoir.

Déjà les dons affluaient à la Mairie. En quelques instants, une quantité considérable de vêtements, de linge était recueillie. Avant la fin de la journée, plus de 30,000 francs avaient été apportés spontanément au Capitole. Le soir, le Conseil municipal, convoqué d'urgence, votait un premier secours de 100,000 francs. Les journaux ouvraient des listes de souscription qui se garnissaient rapidement de signatures. N'oublions pas de payer ici un juste tribut d'éloges aux soldats et aux officiers de notre garnison. On ne saurait trop louer la noble et courageuse conduite de ces braves militaires. Toulouse reconnaissante n'oubliera jamais leur dévouement.

Mais les eaux se sont retirées, la Garonne est rentrée dans son lit : il vous tarde, comme à moi, j'en suis sûr, de visiter notre malheureux faubourg. Mêlons-nous donc à la foule qui, tristement, se dirige vers Saint-Cyprien. Tout Toulouse est là : c'est comme un pieux pèlerinage. Nous passons le pont et nous voilà au cœur du faubourg. Hélas ! quel tableau s'offre à nos yeux ! C'est l'image de la destruction et du chaos. Partout, de quelque côté que se portent nos regards, des ruines, des amas de décombres; des pans de murs criblés de crevasses béantes; des maisons éventrées ; des toitures défoncées; des poutres, des charpentes, des planchers effondrés, suspendus en l'air par des miracles d'équilibre; des tas de briques déchiquetées; des dalles de balcon descellées; des grilles de fer tordues; des arbres déracinés; des meubles brisés; des ustensiles de ménage en morceaux; des lambeaux de vêtements, de linge, d'outils et de marchandises de tout genre : tout cela empilé, enchevêtré dans un désordre indescriptible, ou gisant çà et là dans des mares de vase infecte.

Le soleil, maintenant, éclaire toutes ces ruines. Sous cette lumière éclatante et sereine, c'est affreux à voir.

Non, une ville prise d'assaut, après un furieux bombardement, n'a pas un aussi lamentable aspect. Ce malheureux faubourg est totalement ruiné. Il est à craindre qu'il ne se relève jamais. La moitié au moins des maisons est par terre. Pas une de celles qui sont encore debout qui soit intacte. La plupart sont tellement endommagées, qu'on craint qu'elles ne s'écroulent d'elles-mêmes : il faudra les abattre. Notez que la population de Saint-Cyprien se composait en grande partie de familles ouvrières. Que de gens dans la misère! que de pauvres travailleurs, que de petits industriels aujourd'hui sans ressources, sans pain, sans asile!

Et cependant, il faut le dire à son honneur, l'attitude de cette population, en face de ce colossal et irréparable désastre, est vraiment admirable : — d'autant plus navrante. Vingt-quatre heures à peine se sont écoulées depuis la catastrophe, et les voilà tous, ces pauvres naufragés, remuant les décombres, visitant leurs demeures dévastées et recueillant les épaves abandonnées par les eaux. Pas de cris, pas de tumulte, pas de démonstrations extérieures; leur contenance est digne, grave et courageuse. Les physionomies expriment une résignation virile, un calme austère dans une immense tristesse.

Chacun procède au sauvetage des objets qu'il retrouve dans la maison qu'il occupait. Ici, c'est un jeune homme qui retrouve, encore accrochée à la muraille de sa chambre saccagée, une photographie représentant un être aimé : il l'emporte en étouffant un sanglot; là, c'est une vieille femme qui serre contre sa poitrine, qui embrasse en pleurant un pauvre petit chien, le seul ami, le seul compagnon qui lui reste..... Les rues, les places, les promenades sont encombrées de meubles disloqués, d'ustensiles de ménage, de hardes, de malles défoncées, de ballots éventrés qu'on charge sur des chariots. Vous diriez le campement d'une tribu qui fait à la hâte ses préparatifs pour une lointaine émigration.

Aujourd'hui, le faubourg est à peu près désert. Qui sait quand cette solitude se repeuplera ! En face de ces tristes ruines, une pensée vous saisit et vous serre le cœur : on pense à la France envahie après le désastre de Sedan, ravagée par l'inondation prussienne.....

Au-dessus de cet amas de décombres, je vois planer l'image de la Patrie mutilée, et je crois entendre sa voix qui nous crie : COURAGE, CONCORDE et FRATERNITÉ !

E. BRESSON,

Rédacteur en chef de *La Réforme*.

Toulouse, le 30 Juin 1875.

NOTA. — Le journal *La Réforme* est interdit, en vertu de l'état de siège, depuis le 10 juillet 1874.

DÉTAILS ET ÉPISODES

I

Le débordement de la Garonne, sans exemple dans nos annales, a donné lieu à des épisodes navrants, à d'horribles drames, à des scènes déchirantes, à des luttes terribles de la vie contre la mort. La plupart des maisons envahies par les eaux se sont écroulées, entraînant dans leur chute un grand nombre de victimes. Des familles entières ont été écrasées sous les décombres; d'autres ont péri noyées dans le flot bourbeux qui montait toujours et menaçait de submerger la ville entière. Il y a eu des dévouements sublimes, des actes de courage héroïques. On a vu des hommes de toutes les conditions braver plus d'une fois la mort pour secourir les inondés en détresse. Quelques-uns ont été victimes de leur dévouement et ont trouvé, dans cette fatale nuit du 23 au 24 juin, une fin obscure mais glorieuse. Leur souvenir sera sans cesse présent à l'esprit des habitants de la cité.

II

On n'a pas compté de victimes au Port-Garaud. Le 23, à

cinq heures du matin, des mesures furent prises pour sauvegarder la vie des habitants et fournir aux familles le moyen de quitter les points inondés.

Une crue de 2 mètres était annoncée à dix heures. En présence du danger qu'elle pouvait faire courir, un bâtardeau fut établi sur l'avenue de Muret, afin de protéger le faubourg Saint-Cyprien. Mais les bâtardeaux ne résistent pas aux crues du genre de celle dont nous avons été appelés à constater les désastreux effets. Vers quatre heures de l'après-midi, l'eau montait à la hauteur de l'avenue de Muret et faisait irruption dans le faubourg, en même temps qu'elle envahissait les allées de Garonne, du côté des Abattoirs. La panique fut générale. Fuir n'était pas possible, à moins de s'exposer aux plus grands dangers. C'est alors que se produisirent ces scènes désolantes, indescriptibles dans leur poignante horreur et dont les journaux n'ont pu donner qu'une très faible idée.

Femmes, enfants, vieillards, poussaient des cris de détresse et se débattaient contre la mort. Ici, une mère pressant son enfant dans ses bras était entraînée par le courant; plus loin, une famille entière cherchait un abri sur le toit de sa maison, qui s'effondrait peu à près avec un fracas époupouvantable, ou bien un bateau chargé de naufragés chavirait et plongeait huit personnes dans l'abîme.

Au couvent des Feuillants, on fit monter les élèves sur le toit. Ces jeunes filles, qui naguère encore riaient, jouaient, s'ébattaient avec toutes les grâces de l'enfance, passèrent une nuit affreuse. On leur disait de se préparer à la mort, de recommander leur âme à Dieu, et elles se regardaient sans rien comprendre à ce changement subit qui détruisait, du matin au soir, leurs espérances et étouffait leurs rêves les plus beaux.

La rue Viguerie était devenue un gouffre où s'entassaient

les victimes. C'est là que fut emporté le marquis d'Haut-poul.

Et la nuit ! quelle nuit d'angoisses ! De l'eau jusqu'au premier étage des maisons, et pas de lumières dans les rues. De temps à autre, des cris : Au secours ! sauvez-moi ! sauvez mon fils ! sauvez mon vieux père ! C'était horrible.

Parfois on entendait un craquement et puis plus rien que le clapottement des eaux : une maison venait de sombrer.

Des bateaux sillonnaient les rues ; les inondés s'y précipitaient, mais il n'y avait pas place pour tous, et les vieillards, moins ingambes que les jeunes hommes, regardaient, en branlant la tête, s'éloigner leur planche de salut.

III

Comment raconter les péripéties émouvantes auxquelles donna lieu le cruel fléau, les scènes déchirantes qui se produisirent, les souffrances endurées par les victimes et les actes de désespoir d'une population affolée de peur ? On vit des jeunes gens franchir les rues d'un toit à l'autre pour trouver un abri ; on vit des femmes sur les toitures, dé-nues, fouettées par la pluie, allaitant leur enfant qui grelottait de froid et essayant de le réchauffer entre leurs bras glacés. Partout la désolation et la mort se manifestaient dans toute leur horreur.

Au nombre des poignants épisodes, il convient de placer l'horrible fin d'un jeune homme de vingt ans. La maison dans laquelle se trouvait cet infortuné s'écroule au milieu de la nuit. Quelques poutres projetées en travers le retiennent suspendu par les pieds ; mais sa tête plonge jusqu'au cou dans l'eau boueuse. Il dut certainement se débattre, roidir son corps, faire des efforts inouïs pour tenir sa tête hors de l'eau, souffrir enfin mille morts. On le trouva dans cette position, la face tuméfiée, méconnaissable.

IV

Deux personnes se trouvaient cernées par les eaux dans la rue Réclusane. La maison menaçait ruine. En vain elles cherchent un abri aux environs, rien ne se présente. La façade se détache; les planchers, fort heureusement, se maintiennent encore. Pas d'issue pour fuir, et le gouffre est là, béant, prêt à les engloutir. Ils crient : Au secours! au secours! mais cet appel n'est pas entendu, et le serait-il qu'il le serait en pure perte. Le vertige les prend. Ils vont se précipiter d'eux-mêmes dans la rue quand le plancher fait un mouvement et s'écroule. Le mari disparaît sous les flots; la femme a pu saisir un pan de bois et se balance dans l'espace. L'instinct de la conservation lui donne des forces. Elle pousse des cris perçants, ne veut pas mourir, se cramponne avec rage; mais le pan de bois cède à son tour et elle tombe sur un amas de décombres; quand on l'a relevée, le matin, elle avait le crâne fracassé.

V

Dans une maison de la rue Varsovie, vingt personnes, dont seize femmes et quatre hommes, s'étaient réfugiées aux étages supérieurs pour échapper à l'envahissement des eaux. Tout à coup un craquement se fait entendre, les murs se lézardent; on juge de la frayeur de ces malheureux. Un conseil est tenu et l'on décide d'escalader une galerie qui offre des garanties suffisantes de solidité.

A peine la dernière personne prenait-elle place sur le nouvel abri que la maison s'effondrait. Il était temps.

Mais la situation allait encore se compliquer douloureusement. Sur cette galerie, d'autres tourments les attendaient. Un gitano essayait pourtant de donner du courage à tout le monde. Les enfants pleuraient, demandaient du pain; les femmes se tordaient de désespoir. Au loin, on entendait les cris des personnes en danger dans les maisons que l'eau menaçait.

A quatre heures du matin, une extrémité de la galerie se détacha. La panique devint plus grande. Il fallut fuir encore et chercher asile sur un toit voisin. Le déplacement se fit sans accident. A huit heures du matin, quand se produisit une baisse sensible de la crue, des artilleurs vinrent avec leurs fourgons et les délivrèrent.

VI

Sur l'avenue de la Patte-d'Oie, mêmes péripéties, mêmes transes mortelles pour les malheureux inondés. A ce point un peu éloigné du faubourg, l'eau s'élevait, à cinq heures de l'après-midi, à une hauteur de 2 mètres au-dessus de la chaussée; à dix heures du soir, elle s'élevait à 3 mètres. Candélabres, murs de clôture, tout cédait à l'action du courant. La distillerie de M. Durban ne tarda pas à s'écrouler. M. Durban resta jusqu'au dernier moment dans sa maison, et quand l'effondrement se produisit, il se réfugia sur un arbre où il passa la nuit. Les maisons s'abattaient avec un bruit épouvantable; l'eau charriait des cadavres, des pièces de bois qui, violemment poussées, éventraient les murs et coopéraient à la destruction générale. Quand vint le jour, les rues Villeneuve, de Cugnaux, Tournefeuille, des Fontaines, la place du Ravelin, les avenues de Bayonne et de Lombez n'étaient plus qu'un monceau de ruines, sous lesquelles un grand nombre de personnes avaient trouvé la mort.

Sur les allées de la République, un fourgon d'artillerie, attelé de quatre chevaux morts, était renversé ; un des conducteurs avait été entraîné par le courant, l'autre avait pu se réfugier sur un arbre et attendre la baisse des eaux.

VII

Le débordement de la Garonne sur l'avenue de Muret donna lieu, au premier moment de l'inondation, à un drame bien émouvant. Un artiste de talent, M. M***, professeur à l'école des Beaux-Arts, eut sa maison envahie par les eaux, le 23 juin, à quatre heures de l'après-midi. Il fallut se disposer à quitter la place. Comme sa femme et ses trois enfants en bas âge allaient mettre le pied dans la rue, les eaux s'élevèrent à une hauteur telle, que force leur fut de se réfugier au premier étage, puis sur le toit, avec quelques voisins.

La nuit vint. A dix heures, des craquements se firent entendre ; la maison allait sombrer. Un des inondés se lança à la nage et atteignit le toit d'une maison voisine. Par malheur, en prenant son élan, il avait renversé Mme M*** et son petit garçon qu'elle tenait dans ses bras. Mme M*** s'évanouit, et l'enfant fut entraîné par le courant, sans que son père, entouré de ses deux petites filles, qui poussaient des cris déchirants, pût lui porter secours.

Le danger devenait de plus en plus pressant. Une pièce de toile roulée en forme de corde fut lancée de la maison voisine pour aider au sauvetage. M. M*** entoura la taille de ses petites filles avec la toile roulée et les lança dans l'eau, pendant qu'une personne tirait à elle du toit voisin et les hissait successivement. La difficulté fut plus grande quand vint le tour de Mme M***. Son mari fut obligé de la suivre à la nage pour la pousser vers la maison et d'aider à la hisser sur la toiture. Ce sauvetage était à peine terminé, que la maison abandonnée s'écroulait et était complètement balayée.

Tous les inondés échappèrent à la mort.

Le petit garçon seul manqua à l'appel.

Son cadavre fut retrouvé le lendemain, non loin de l'endroit où il avait disparu, et rendu à sa famille, plongée dans la plus profonde douleur par une perte aussi cruelle.

C'est grâce à la présence d'esprit et à l'énergie de M. M*** qu'on n'a pas eu, à cet endroit, d'autres malheurs à déplorer.

VIII

Nous n'en finirions pas, s'il nous fallait retracer les scènes de désolation dont le faubourg Saint-Cyprien et l'avenue de Muret ont été le théâtre, dans la nuit du 23 au 24 juin. Il suffit de parcourir ces quartiers dévastés pour comprendre tout ce qu'il y a eu d'horrible dans la situation des habitants. Rien n'est surtout comparable aux désastres occasionnés par l'inondation dans l'avenue de Muret. La destruction est complète; il ne reste pas une maison debout. Le courant, qui n'était pas, comme dans les rues du faubourg, brisé par des constructions solides, ne connaissait pas d'obstacles, entraînait les maisons, arrachait les arbres et ravinait l'avenue. Jamais dévastation aussi effroyable ne s'est offerte à la vue. Tout est envasé, dispersé sur la route et dans les champs voisins. Les petites rues qui aboutissaient à l'avenue n'existent plus. On en découvre à peine les traces sous des monceaux de ruines.

Non loin se trouve un cimetière, le cimetière de Rapas. Les croix de bois ont à peu près disparu ; les croix de pierre sont toutes fortement inclinées. Il y a des tombes fouillées par les eaux et dont les cercueils ont été emportés. Quelques bières sont retournées dans les fosses, quelques mausolées sont détruits. Par-ci, par-là, au milieu des tombes ouvertes, des épaves sont dispersées. Des chaises, des voitures, des barriques, des objets divers ont échoué dans ce lieu que les bruits du dehors ne viennent pas troubler d'habitude, et qu'on n'aborde qu'avec un sentiment de tristesse et de deuil.

Les maisonnettes qui formaient le quartier de Rapas, et qui étaient construites dans des champs avoisinant le cimetière, sont dans un état de complet délabrement. On voit de distance en distance les pauvres inondés essayant de rassembler quelques bribes de leur mobilier écrasé par la chute des murs, ou détérioré par l'eau. Des tentes sont dressées pour abriter ces infortunés qui, naguère encore, reposaient sous leur toit, dans leur maison, fruit d'une longue épargne et de durs travaux, et qui maintenant ont tout perdu.

IX

Le 23, dès cinq heures du matin, quand l'eau pénétra dans la partie basse du Port-Garaud et couvrit le ramier, des bateliers en grand nombre procédèrent au sauvetage par les fenêtres des maisons inondées. Dix-sept ouvriers étaient en souffrance au ramier, sur le toit de la maroquinerie Lafitte et Mazelié. Ils n'avaient pas voulu quitter l'établissement au commencement de la crue. En vain firent-ils pendant toute la journée des signaux de détresse : on ne put les délivrer que le lendemain, à dix heures du matin, tant le courant était rapide en cet endroit.

Un sauvetage fut heureusement opéré, le 23, à ce même ramier, dans la matinée. M. Laroche, contre-maître de la papeterie Gachies et Dorléac, et sa femme, n'avaient pas eu le temps de fuir et se trouvaient cernés de toutes parts. Ils agitèrent un mouchoir et appelèrent à l'aide : une barque, montée par le gendarme Sous et MM. François Espert, Abadie et Lagarde, fut détachée du pont Saint-Michel et dirigée vers les naufragés, qui furent recueillis et mis hors de danger.

Mais la crue fit de grands ravages dans le ramier et dans la partie basse du faubourg.

Des rues des Menuisiers, Mespoul, des Vaillants, des dés Bûchers, de l'Eau, du Port-Garaud, des Saules, il ne reste plus que quelques murs délabrés et un amas de décombres.

X

Pendant que les habitants abandonnaient la partie basse du faubourg Saint-Michel, l'eau inondait les Amidonniers et y faisait de grands dégâts : un grand nombre d'usines, dans le ramier du Bazacle, éprouvèrent des pertes considérables. Le moulin, quoique de construction récente et presque totalement envahi par les eaux, résista à l'action du courant. La tréfilerie Campionnet, les usines Sempé, Cardailhac, Manuel et Sirven furent sensiblement endommagées. Les habitants du quartier, prévenus à temps, purent quitter leur domicile et éviter les accidents que faisaient craindre les maisons inondées.

XI

Les eaux avaient déjà fait irruption dans certaines parties de la ville, lorsque le quartier de Tounis et le faubourg Saint-Cyprien furent envahis.

On ne se rendait pas compte de l'immensité du danger, quand l'eau atteignit l'avenue de Muret, la place du Fer-à-Cheval, la rue Cany, la rue Laganne et les allées de la République. En un clin d'œil, tout le faubourg fut inondé : l'eau s'engouffrait dans la rue Viguerie et dans le jardin de l'Hôtel-Dieu avec une rapidité vertigineuse. L'alarme étant donnée, les autorités établirent leur quartier-général à la tête du Pont-Neuf. Les dévouements se multiplièrent. On demandait parfois deux hommes de bonne volonté pour une mission périlleuse : il s'en présentait cinquante. Le brigadier Sistac et le marquis d'Hautpoul se précipitèrent dans un bateau pour voler au secours de quelques personnes menacées. Le courant fit chavirer l'embarcation : le brigadier saisit un bec de gaz, grimpa à une fenêtre de l'hospice et se sauva; le marquis d'Hautpoul, moins heureux, trouva une épave, s'y cramponna et fut entraîné par le courant qui le porta à Blagnac.

XII

Un maréchal-des-logis à la 2e compagnie d'ouvriers d'artillerie, ayant entendu des cris de détresse, à deux heures du matin, du côté de la rue Laganne, dans une maison en partie démolie, avisa le capitaine de service de ce qui se passait. Des ordres furent donnés, et dix hommes de l'Arsenal, avec quelques paquets de cordes, une échelle, des crocs et plusieurs bateaux se disposèrent à opérer le sauvetage. Une femme d'une soixantaine d'années, deux hommes et trois jeunes femmes furent recueillis. La maison s'était écroulée la veille à neuf heures du soir. Dans un jardin voisin de la maison, une femme était pendue par les jambes aux branches d'un arbre et avait la moitié du corps dans l'eau. Des barques furent lancées dans toutes les directions. On les attachait, au fur et à mesure qu'elles avançaient, aux fenêtres ou aux becs de gaz pour éviter de nouveaux malheurs. Un grand nombre de personnes furent sauvées. Le maréchal-des-logis qui conduisait l'équipe se nomme Nel. Voici le nom des hommes qui l'accompagnaient : Langlois, brigadier; Prud'homme, maître ouvrier; Farail, Agostini, Froment, Besson, Lempereur, Poulain, Telle, Duron et Gardere.

XIII

Le nombre des sauveteurs qui se sont signalés par leur dévouement est considérable. Beaucoup se sont modestement dérobés à l'admiration que pouvait inspirer leur noble conduite.

Les préposés de l'octroi se sont distingués sur plusieurs points, notamment MM. Bec et Lapenne, qui ont sauvé de nombreux naufragés rue des Saules. Le sous-brigadier Cazeaux et les préposés Lacroix et Maylin ont parcouru l'avenue de Muret, le quartier de Rapas, l'avenue de Bayonne, et, ramant vigoureusement pour porter secours à deux femmes qui se noyaient, ont dû passer la nuit accrochés à la bascule de l'Abattoir. Un contrôleur, M. Bernon, a montré beaucoup de sangfroid dans la direction de plusieurs sauvetages très dangereux.

du 23 au 24 juin, un de ses voisins, M. Froment, rue Varsovie, sur le point de disparaître sous les flots, lui jeta une corde que le malheureux passa autour de son corps. Il put le hisser, après de grands efforts, à la hauteur d'un deuxième étage et l'arracher à la mort.

On cite aussi comme ayant affronté de grands dangers : MM. Verdalle père et fils; Burgand, directeur de l'école laïque; Chamayou, son adjoint; Bonnes, dit *Paulet*; Roussy, négociant; Couzy, architecte; l'agent de la sûreté Castel; les sous-officiers Bordes et Danès; Nazam, brigadier de police; Guyonnet, boucher; Dominique Escoula, pêcheur de sable; les pompiers Viala, Bellan et Ventrou; les marins Coupeau et Calmettes, Lahille père et fils, Sempé, Boussac, Cassagne, batelier, et les artilleurs Baleyre et Jouanny.

Nous regrettons de ne pas connaître, pour les nommer et leur payer un tribut de reconnaissance mérité, toutes les personnes qui ont fait acte de dévouement dans cette nuit lugubre et sont restées sur la brèche pour disputer les victimes à la mort.

XIV

Deux artilleurs ont trouvé la mort en portant des secours aux inondés. Voici leur nom : Weyer (Lorrain), 2e conducteur à la 8e batterie du 23e d'artillerie; Avit, 2e conducteur à la 5e batterie du 18e régiment d'artillerie.

Le Président de la République, lors de son passage à Toulouse, a voulu récompenser les services rendus par les soldats de la garnison, au courage desquels le Conseil municipal a rendu un éclatant hommage.

Les plus méritants lui ont été signalés. Le général Dufaur du Bessol a été nommé commandeur de la Légion d'honneur. MM. Joly, capitaine au 23e bataillon de chasseurs; Du Bousquet, chef de bataillon au 113ᵉ de ligne; Pestau, capitaine au 23ᵉ d'artillerie; De Bonne, capitaine au 23ᵉ d'artillerie, ont été nommés officiers dans le même ordre.

Ont été nommés chevaliers : MM. Campel, brigadier de gendarmerie; Cistac, brigadier de gendarmerie; Adam, lieutenant au 29ᵉ bataillon de chasseurs; Besse-Moulins, lieutenant au 59ᵉ de ligne; Stemmélé, lieutenant au 18ᵉ d'artillerie; Péragallo, sous-lieutenant au 18ᵉ d'artillerie; Verceille, maréchal-des-logis au 18ᵉ d'artillerie; Bonnet, sergent à la 17ᵉ section d'administration.

Ont obtenu la médaille militaire : MM. Bouche, gendarme à cheval à Toulouse; Athon, sergent au 29ᵉ bataillon de chasseurs; Paris, sergent au 59ᵉ de ligne; Neuillet, soldat au 59ᵉ de ligne; Laporte, soldat au 59ᵉ de ligne; Laroche, sergent au 113ᵉ de ligne; Meneaux, sergent au 113ᵉ de ligne; Penot, sergent au 113ᵉ de ligne; Dubuc, soldat au 113ᵉ de ligne; Reillac, maréchal-des-logis au 11ᵉ dragons; Prougé, adjudant au 18ᵉ d'artillerie; Chausserie, maréchal-des-logis au 18ᵉ d'artillerie; Claresy, maréchal-des-logis au 18ᵉ d'artillerie; Charpentier, maréchal-des-logis au 23ᵉ d'artillerie; Laffitte, maréchal-des-logis au 31ᵉ d'artillerie.

XV

Il est aussi d'autres services rendus dont il faut tenir compte.

Après la baisse des eaux, des cadavres en grand nombre furent trouvés sous les décombres et transportés à l'Hôtel-Dieu pour que leur identité fût constatée. Un délégué de l'état-civil, M. Donbernard, enregistrait les entrées et les sorties, prenait le signalement et faisait les diligences nécessaires pour mettre les familles à même de reconnaître le

Les Frères de Saint-Nicolas-de-la-Grave ont donné asile dans leur établissement à plus de quarante personnes. On les voyait se mettre à l'eau jusqu'à la ceinture et porter les victimes sur leur dos.

Un soldat du 113ᵉ de ligne se jeta à la nage pour sauver un enfant qui se noyait. Des officiers bravèrent la mort pour arracher au danger des victimes de l'inondation. Des bateliers, des pêcheurs de sable, des ouvriers, des industriels du faubourg et de la ville restèrent sur pied toute la nuit dans des bateaux, s'introduisant dans les maisons et entraînant souvent de force des malheureux qui, en présence d'une semblable catastrophe, avaient perdu la raison.

Quand le jour vint, le niveau des eaux avait sensiblement baissé. A 8 heures, des fourgons d'artillerie purent circuler; mais les chevaux avaient encore de l'eau jusqu'au poitrail.

Toutes les rues furent visitées, fouillées.

Des cris s'élevaient parfois du milieu des ruines. Les artilleurs se mettaient bravement à l'eau, et allaient chercher sous les décombres les blessés ou noyés.

Dans une rue, ils trouvent à sa fenêtre une vieille femme tenant un enfant de dix mois sur ses bras. C'était sa petite-fille.

— Allons ! avancez ici, que nous vous enlevions, dit un artilleur.

— Je veux mourir dans ma maison, répondit la pauvre vieille en pleurant.

Un artilleur escalada la fenêtre et lui arracha l'enfant.

Le fourgon allait se mettre en marche. La grand'mère, en le voyant partir, ne put tenir plus longtemps dans sa maison; elle demanda à vivre pour ne pas quitter sa petite-fille. Et arrivée en lieu sûr, elle ne cessait de répéter :

— C'est la petite-fille qui m'a sauvée !

Rue Réclusane et place de l'Estrapade, l'agent de la sûreté Milhau et le sergent de ville Troy, aidés de quelques artilleurs, ont retiré, non sans courir de grands dangers, plusieurs personnes qui avaient été ensevelies sous les décombres.

M. Marty, directeur du gymnase Léotard, a aidé vaillamment au sauvetage et a découvert, le lendemain, au milieu des ruines, de nombreux cadavres.

La vénérable sœur Pénin, supérieure des sœurs de l'hospice, a refusé de quitter ses malades au moment du danger et est restée la dernière pour leur donner des soins et leur prodiguer des consolations.

Le personnel médical de l'Hôtel-Dieu a montré beaucoup de dévouement dans ces nuits d'épreuves.

De courageux sauveteurs ont pénétré dans la maison du docteur Brun, en partie écroulée, et ont sauvé plusieurs familles. Ce sont : MM. Cuning, maréchal-des-logis-fourrier au 18e d'artillerie ; Arnault, brigadier, et Boë, servant au même régiment ; Jacques Toucon, comptable.

Deux pêcheurs de sable, Lafaugère, dit *Chourre*, et Miret, ont sauvé plusieurs familles que les flots allaient engloutir.

La famille C... fut cruellement éprouvée sur les allées de la République. Un pan de mur écrasa Mme C... sur un toit où toute la famille s'était réfugiée. A cinq heures du matin, un coiffeur de notre ville, M. Théron, suivi d'un bateau qui ne pouvait facilement aborder, se jeta résolûment à la nage pour arracher à cette pénible situation M. C..., sa fille et son fils en pleurs devant le cadavre de Mme C...

Deux anciens pompiers, Laborie et Marty, Louis Dedieu, employé à l'école de natation Artigaud, et Asquié ont procédé soit sur le quai de Tounis, soit dans le faubourg Saint-Cyprien, au sauvetage de plus de cinquante naufragés.

Un ouvrier typographe, M. Darné, voyant, dans la nuit

corps qu'elles cherchaient. Deux photographes de notre ville, MM. Delon et Provost, photographiaient les cadavres. Cette rude besogne, nécessaire à tous égards, fut remplie avec un zèle et une persévérance au-dessus de tout éloge.

Au bout de trois jours, il fallut quitter l'hospice et se rendre au cimetière, l'état des corps étant un danger pour le personnel et les malades.

MM. Delon, Provost et Donbernard s'installèrent, malgré la chaleur et les émanations putrides, devant les tranchées creusées pour recevoir les victimes, et là, sur les bords de cette large fosse improvisée, ils continuèrent, dans l'intérêt des familles, leur difficile mission.

D'horribles spectacles s'offraient parfois à leur vue; il fallait pourtant aller jusqu'au bout et voir défiler ce terrifiant cortège de cadavres qu'un long séjour dans l'eau avait considérablement enflés, et qui souvent n'avaient même presque plus rien de la créature humaine.

En somme, dans cette horrible catastrophe, tout le monde a fait son devoir. De nombreux exemples de charité, de dévouement, de grandeur d'âme, ont été donnés. Les pauvres flagellés du malheur qui ont survécu au désastre ont eu la satisfaction de voir une population tout entière debout pour leur venir en aide; ils ont pu constater que la France, cette mère commune, ne les oubliait pas et savait adoucir, par des dons généreux, l'amertume des mauvais jours et des noires tristesses.

GENTY MAGRE.

INONDATIONS DANS LES DÉPARTEMENTS

LA BANLIEUE DE TOULOUSE & LA HAUTE-GARONNE

I

On a lu plus haut le récit des désastres irréparables causés par l'inondation du 23 juin, la plus grande du siècle. Plusieurs quartiers démolis; des milliers de personnes ruinées, dont un grand nombre réduites aux seuls secours de la bienfaisance publique; des familles décimées ou totalement disparues; — tel est, en ville, le terrible bilan du commencement de l'été de 1875.

Hélas! ce n'est pas encore tout; et, si l'on peut éloigner un moment de sa pensée le souvenir des pauvres victimes roulées par les flots ou ensevelies sous les décombres, on assiste à un spectacle plus navrant lorsque l'on parcourt la campagne. En ville, les décombres amoncelés, les plaintes des pauvres gens qui cherchent à reconquérir, au milieu d'un péril toujours menaçant, une part de leur mobilier aux trois quarts détruit, les travaux de déblaiement, l'activité des hommes bienfaisants qui cherchent à venir en aide à la misère; tout cela est bien triste, mais, dans tout cela, il y a encore de la vie. Dans la campagne, rien, rien ; partout la dévastation et, douleur plus poignante peut-être, la solitude !

Aux portes mêmes de Toulouse se trouve, entre autres, une petite commune, lieu de plaisance et de rapport, asile de bourgeois aisés qui viennent s'y réfugier contre les bruits et l'activité fiévreuse de la ville, et dont une population laborieuse cultive les champs. Qui ne connaît Blagnac, à Toulouse et dans les environs ? Qui n'a visité sa campagne et ses ramiers ? C'était le pèlerinage choisi des amants du soleil et de la verdure !

Aujourd'hui, quel spectacle attristant ! De tous côtés, la dévastation et la ruine. Les blés et les récoltes spéciales qui faisaient la richesse des cultivateurs de cette contrée, sont complétement couchés, lorsqu'ils ne disparaissent pas tout-à-fait sous la terre. Toute la partie de la campagne de Blagnac, qui, d'après la tradition, formait l'ancien lit de la Garonne, et qui est composée de terrains d'alluvion, présente un aspect désolé. Ah ! pauvre cultivateur ! comme tes ancêtres, tu avais arrosé la terre avec la sueur de ton front. Regarde, pauvre cultivateur : une nuit, le fleuve a grossi, et, te surprenant pendant ton sommeil, il a emporté tes moissons, ravagé ton champ ; il l'a rendu infertile.

Hélas ! ce n'est que trop vrai, et plût au Ciel que nous fissions des phrases. Mais nous avons vu ; les soins de plusieurs générations avaient été nécessaires pour rendre cette campagne productive ; c'est maintenant à recommencer, car, sur une grande étendue, les champs ne sont plus que de vastes et épais bancs de sable.

Certains de ces champs, notamment près de la route de Grenade, ne présentent pas cet aspect d'une lande sablonneuse ; ils montrent encore leur récolte, mais envasées et totalement perdues : on ne peut les traverser sans quelque danger ; le terrain est mouvant, et, bien que nous prissions de grandes précautions, sondant le terrain et ne posant le pied que sur les blés couchés, nous nous sommes enfoncés presque jusqu'aux genoux. Nous sommes persuadés que, dans certains endroits, l'enlizement, cet affreux supplice que Victor Hugo a décrit si pittoresquement dans ses *Travailleurs de la Mer*, se produirait, et qu'un homme, s'il ne marchait avec beaucoup de prudence, disparaîtrait.

La campagne est ainsi jusque sur le bord de la Garonne, et les larmes montent aux yeux quand on voit, de loin en loin, un malheureux cultivateur essayant de sauver quelques épaves de ses récoltes, oignons ou gousses d'ail, qu'il peut encore retrouver sous la vase.

Même spectacle sur toute l'étendue des grands ramiers ; il est compliqué par l'aspect d'une véritable montagne d'épaves de toute nature roulées par les flots, qui se sont arrêtées au milieu d'arbres brisés ou déracinés. Là, se trouve le *Jupiter*, « le grand dragueur » comme on l'appelait à Toulouse ; à côté, sont échoués d'énormes parties des ponts de fil de fer et une incroyable quantité de madriers, bois de construction, linge, meubles brisés, etc., etc. C'est là également qu'a été retrouvé, avec d'autres cadavres de personnes inconnues, le corps du regretté marquis d'Hautpoul, la tête à demi envasée et les jambes enchevêtrées dans des arbres couchés.

Ici trouve sa place un épisode de l'inondation que des témoins oculaires nous ont raconté sur les lieux mêmes et dont nous voulons faire part à nos lecteurs. Il les reposera pour un instant de ces scènes de dévastation et de deuils. Un homme, nommé Roques, habitait avec sa famille une petite maisonnette située sur la rive droite de la Garonne, un peu en amont du pont suspendu de Blagnac. Après avoir mis les siens en sûreté, Roques rentra chez lui pour tâcher de sauver ses meubles, mais les eaux grandissant avec rapidité l'assaillirent bientôt et l'empêchèrent de fuir. Il appela au secours, on essaya de le sauver, tous les efforts furent inutiles.

Heureusement le sang-froid ne le quitta pas une minute : il démolit les murs de sa maisonnette; le plancher de sa chambre demeura ainsi entier; bientôt, il fut entraîné par le fleuve, et Roques s'abandonna au courant sur cet ingénieux radeau, au risque d'être brisé contre les épaves qui tourbillonnaient à ses côtés. Après une course effrénée d'un kilomètre environ, le plancher heurta violemment contre un arbre. Roques embrassa le tronc et grimpa dans les branches.

C'est ainsi qu'il passa toute la nuit, dans des transes mortelles, au milieu de l'obscurité la plus profonde, entendant à chaque instant le mugissement des eaux furieuses et le craquement des arbres. Quand le jour vint, les arbres qui, le soir, se trouvaient autour de lui avaient été déracinés; il était sur un solide noyer, son plancher-radeau à quelques mètres. Vers onze heures du matin, les eaux ayant sensiblement baissé, des bateliers allèrent à sa recherche, mais en vain, on ne le trouva pas. Ce n'est que sur les trois heures de l'après-midi qu'il fut possible de le retirer, exténué de lassitude et de faim. Nous n'ajoutons pas de soif, car Roques avait pu pourvoir à ce besoin : vers dix heures du matin, les eaux laissèrent à découvert une barrique pleine placée sur des monceaux de bois; Roques se dirigea vers elle, dans l'eau jusqu'à la ceinture, la mit en perce au moyen de son couteau qu'il n'avait pas abandonné, se réconforta et regagna son arbre de refuge, jusqu'à l'arrivée des bateliers sauveurs.

Les faubourgs de Lalande ont été envahis et la plaine est ravagée; plusieurs maisons se sont écroulées et les habitants ont dû se réfugier sur les arbres.

Arrêtons-nous dans notre excursion à travers ce qui fut des champs cultivés; nous ne pourrions que nous répéter, et partout nous attend le même spectacle : arbres déracinés, chemins effondrés, champs perdus et convertis en bancs de sable ou de graviers; et, au pied de cette dévastation, la Garonne apaisée roule ses flots tranquilles et clairs, non sans avoir emporté des terres et agrandi son lit.

Dans Blagnac même, 23 maisons se sont effondrées, heureusement sans faire des victimes. Deux petits ponts en maçonnerie ont été emportés; le moulin et l'abattoir sont détruits. Le Petit-Port (espace compris entre l'extrémité du pont suspendu et l'embouchure du Touch) a beaucoup souffert; presque tout le pâté de maisons qu'il contenait est en ruines. C'était la demeure des bateliers qui ont montré beaucoup de dévouement; on nous a cité spécialement le sieur Bachou parmi les sauveteurs qui se sont le plus distingués. Aux environs, de nombreuses villas n'ont pas échappé au fléau; les maisons en sont détruites et les terres ravagées.

II

A chaque pas, sur tout le littoral de la Garonne, même désolation, même steppes incultes. Ici, la rive gauche s'élève, et son escarpement a préservé Beauzelle; mais, hélas! aux dépens de la rive droite. Le joli village de Fenouillet est horriblement dévasté; il comprenait 907 habitants et 200 feux : cinq ou six maisons seulement sont demeurées debout. Un peu plus loin, c'est le village d'Ondes, près Grenade; il est à peu près entièrement détruit, et nous eussions eu à déplorer la mort de 200 personnes, si la maison de M. Timbal-Lagrave, pharmacien de notre ville, où elles étaient réfugiées, n'avait pu résister à la fureur des eaux. Grenade, que l'on avait citée comme ayant été très éprouvée, n'a pas souffert ; mais la plaine en dessous de la ville a supporté les ravages du fléau, qui ont été terribles.

Au milieu de toutes ces scènes d'horreur, nous avons du moins une consolation : partout, le dévouement a été à la hauteur du désastre ; sur tous les points atteints, il s'est rencontré des hommes au cœur généreux qui n'ont pas hésité à se jeter au devant du péril pour sauver leurs compatriotes.

A Saint-Caprais, commune de Grenade, une famille entière composée de quatre personnes, dont deux vieillards et un enfant de deux ans, avait été chassée de leur maison par les eaux toujours grandissantes. Obligés de se réfugier dans les branches d'un noyer qui couvrait la maison, ils y restèrent pendant la terrible nuit du 23 au 24 juin. Le torrent grondait à leurs pieds ; autour d'eux, les maisons s'effondraient, et les chocs violents des épaves menaçaient d'emporter leur dernier refuge. Frissonnant sous la pluie froide, ils risquèrent vingt fois d'être engloutis. Le jour vint leur donner un peu d'espoir, mais l'on ne put aller à leur aide que vers dix heures. Une barque, bondissant sur les eaux, eut beaucoup de peine à parvenir jusqu'à eux. Elle était montée par l'honorable M. Barcouda, maire de Grenade, et par deux bateliers qui déployèrent, dans leur entreprise généreuse, un courage héroïque. La famille Blanc était sauvée. Une deuxième barque alla recueillir le sieur Becadel, blessé par l'effondrement de sa maison, mais qui avait pu se maintenir sur un pan de mur demeuré debout. Hélas ! sa mère et son frère aîné étaient ensevelis sous les décombres ; on ne put rapporter que leurs cadavres.

Mais ce n'est point le seul sauvetage opéré par le brave maire de Grenade. Dès le mercredi soir, la Garonne grossissant à vue d'œil, il organisa un service de bateaux. Etant monté le premier sur une barque, il fut bientôt suivi par des hommes dévoués dont nous sommes heureux de produire les noms : Bayssade, cantonnier; Gendre cadet et ses fils, Laconde et son fils, Delmas, Lajous, Sancé, Nauzes et Lafitte. Il put ainsi procéder, avec ses courageux compagnons auxquels il donnait l'exemple de l'héroïsme, au sauvetage de tous les habitants de la plaine de la Hille, transformée en un lac immense.

Le lendemain, le labeur recommençait. M. Barcouda, toujours le premier au péril et à l'honneur, monte sur une barque; il s'agissait de sauver d'une mort certaine les malheureux habitants des hameaux du Rouanel et de Saint-Caprais. Avec Gendre, Moynet et un jeune homme dont nous ignorons le nom, il commence le sauvetage à travers mille dangers.

Ce beau dévouement devait trouver des imitateurs. Quelques instants après, le commissaire de police de Grenade et le brigadier de gendarmerie montent dans deux barques, accompagnés de ceux qui s'étaient déjà dévoués la veille. Ils traversent le torrent impétueux ; les trois barques parcourent la plaine et sauvent quarante-huit personnes, dont les unes se cramponnaient aux branches des arbres, les autres aux poutres des maisons. Ces malheureux sont recueillis par M. Miquel, dont la maison, solidement bâtie, résiste à l'action de l'eau.

Ce résumé succinct ne peut donner une idée du courage et du sang-froid déployé par ces hommes énergiques. Il a été apprécié en haut lieu à sa juste valeur, et nous savons que M. Montané, conseiller général pour le canton, a demandé au président de la République la croix d'honneur pour M. Barcouda. Elle ne saurait être placée sur une poitrine plus noble que celle de l'héroïque maire de Grenade.

III

Ce n'est pas seulement la Garonne qui a ravagé notre beau département. A Carbonne, vingt maisons minées par les eaux de l'Arise ont été englouties; à Rieux, un moulin et dix maisons écroulés; à Montesquieu-Volvestre, une vingtaine de maisons, dont plusieurs moulins et usines, détruites.

Au Vernet, où l'on nous signale la mort de cinq personnes, une trentaine de maisons ont été emportées par les eaux de la Lèze.

La plaine de Pinsaguel n'était, le 23 juin, qu'une vaste nappe d'eau; deux arches du pont sur la route de Foix ont été emportées. Le village de Roques est dévasté. Le moulin de Roquette a été envahi; il va crouler, mais heureusement la famille Darolles, qui l'habitait, a pu être sauvée quelques minutes avant, grâce à l'énergie et au dévouement d'un vieux pêcheur, nommé Bergès, et de son gendre, le sieur Carcy. A ce moment, l'importante cartonnerie Sirven s'effondrait dans la rivière avec un fracas comparable à une décharge d'artillerie. Ce n'est pas tout. Le vieux pêcheur, que l'on félicitait, vient d'apprendre que cinq personnes sont cernées par les eaux dans le château de M. X..., près Pinsaguel. Sans perdre un instant, et toujours accompagné de son gendre, il se dirige vers Pinsaguel, mais la distance à franchir était grande; il n'était pas arrivé encore que le bâtiment et les malheureux qui s'y étaient réfugiés, et qu'il voulait sauver, s'abimaient dans les flots.

Il ne faut pas que des actes de ce genre restent ignorés; nous regrettons de ne pas connaître tous les noms de ces sauveteurs, car ce sont des héros, et notre devoir est de recommander ceux dont les noms nous parviennent à l'admiration et à la reconnaissance publiques.

A Portet, quarante maisons sont écroulées. Là aussi, des actes de dévouement ont été accomplis; un entre autres est venu à notre connaissance, et nous ne saurions lui donner une publicité trop grande. Le sieur Lapène, dit *Truffaut*, gardien des filtres de Portet, ayant appris le danger que courait toute une famille habitant la métairie de Parayré, située en amont du château de Braqueville, dans les ramiers, n'hésita pas à se jeter dans une embarcation pour voler à leur secours. Il était sept heures du matin quand il y arriva, après avoir bravé des dangers qui se multipliaient sans cesse. Mais il se heurta à la résistance de ces pauvres gens, qui ne voulaient pas abandonner leur modeste pécule. Il demeura ainsi jusqu'à cinq heures du soir, moment où, sur la menace qu'il leur fit de se retirer, il put enfin les décider à se laisser sauver. Il était temps, car la métairie s'effondrait quelques instants après, engloutissant une trentaine de bœufs et tout un troupeau de moutons. La famille que Truffaut a pu arracher à une mort certaine, est composée de neuf personnes.

Le fléau a été terrible sur tous les points du département; mais, après Toulouse, les communes qui ont le plus souffert sont : Fenouillet, Ondes et Gagnac, en aval du chef-lieu; Pinsaguel et Auterive, en amont. A Pinsaguel, pas une maison qui soit entière. A Auterive règne la désolation; du quartier de la Madeleine (rive gauche de l'Ariége), quelques rares constructions sont encore debout; le pont a été rompu, laissant ainsi sans communication les deux parties de la ville.

A Auterive, un homme, entre tous, s'est signalé par un dévouement admirable, sauvant un grand nombre de personnes, au péril de sa vie. Nous voulons parler du garde-pêche Bertrand Massot, ancien spahis, auquel sa belle conduite a valu la croix de la Légion d'honneur, donnée par le président de la République lui-même.

A Cintegabelle, une douzaine de maisons ont disparu, mais il n'y a pas eu de victimes. La ville et l'arrondissement de Saint-Girons ont subi de graves pertes matérielles, mais aucune mort n'est à déplorer. Villefranche-de-Lauragais a également éprouvé des dommages matériels.

Valentine, près de Saint-Gaudens, a disparu sous les eaux ; on nous a fait craindre qu'il n'y ait de nombreuses victimes.

A Muret, le pont suspendu a été emporté et la campagne est ravagée ; en un mot, la désolation règne partout sur le cours du fléau terrible, et il est impossible d'évaluer les pertes causées par l'inondation dans le département de la Haute-Garonne. C'est évidemment celui qui a le plus souffert, et nous croyons être au-dessous de la vérité en disant qu'il est pour plus de moitié dans les désastres de la catastrophe. Et nous ne comptons pas, hélas ! les nombreuses victimes ensevelies sous les décombres, ou roulées par les flots et emportées au loin.

ARIÉGE, GERS, AUDE, H^{tes}-PYRÉNÉES, TARN-ET-GARONNE

I

L'Ariége n'a pas été plus clémente que la Garonne ; elle a causé de grands ravages sur tout son parcours, et, malheureusement, les victimes sont nombreuses.

A Foix, les usines qui se trouvaient sur la rive gauche ont été détruites. A Pamiers, les dégâts sont sur la rive droite, où sept constructions se sont écroulées; plusieurs prairies sont entièrement couvertes par 1 mètre 50 ou 2 mètres de gravier. A Lavelanet, presque toutes les usines ont été enlevées. A Mirepoix et dans les villages voisins, plusieurs maisons se sont effondrées. A Mazères, toute la rive droite a été dévastée. Aucune victime jusqu'à présent.

Mais, ici, vient le tour de la nécrologie; la mort a fait son œuvre comme dans la Haute-Garonne. C'est d'abord dans la commune de Calmont, qui a été fort éprouvée et où de nombreuses maisons ont été détruites; on a signalé deux victimes. Viennent ensuite les Cabannes; moins de maisons écroulées, mais le nombre des victimes s'élève à quinze. A Clermont-sur-Ariége, on parle d'une maison qui aurait été emportée avec tous ses habitants réfugiés sur le toit.

La Bastide-Besplas, ce village si tristement rendu célèbre par le crime de Latour, a été partiellement détruit. Une soixantaine de maisons ont croulé; mais des barques, venues de Montesquieu, ont pu sauver les habitants; on ne compte que deux victimes.

Nous arrivons à Verdun, et nous montons brusquement dans l'horrible. Ce pauvre village, assis dans un vallon riant et paré de verdure, à l'entrée d'une gorge dont les pentes escarpées atteignent de hauts plateaux qui supportent plusieurs étangs, n'existe plus. Comment a pu arriver cette catastrophe? Il est probable que des troncs d'arbre et des rochers, entraînés par les premières pluies, ont fermé l'entrée de la gorge. Cette digue a dû céder brusquement, et le village a été traversé par une immense trombe, ensevelissant, sous les décombres des maisons qu'elle rencontrait sur son passage, les habitants encore plongés dans le sommeil.

On comprend que, devant une catastrophe aussi subite,

tout sauvetage a été impossible, et c'est ainsi que, dès la matinée du 24 juin, on avait déjà retiré 82 cadavres. Quelques habitants survivants et un détachement du 126ᵉ régiment de ligne, accouru de Foix en toute hâte, ont procédé à ce funèbre devoir et ont dû assister à des scènes bien douloureuses. A un moment donné, écrivait le correspondant d'un journal de notre ville, un habitant remue la vase avec une bêche. Lorsqu'il ramène l'instrument, il met à nu l'extrémité d'un foulard! La bêche est abandonnée. Les recherches continuent avec les mains. On découvre une tête d'homme; puis, à côté, et comme collée à la première, une autre tête de femme : c'étaient deux jeunes mariés de la veille!

Les infortunés avaient célébré leur noce au chef-lieu de canton, aux Cabanes; ils devaient même y passer la nuit. Ils s'étaient déjà couchés, lorsque le nouvel époux eut la fatale idée de rentrer à Verdun, malgré la pluie; il arriva avec sa femme vers deux heures et demie du matin. Moins d'une heure après, ils étaient morts!

A quelques pas d'eux, on a trouvé la mère et la sœur. Celle-ci, jeune fille de dix-huit à vingt ans, arrivée de Marseille pour assister à la noce, avait les yeux ouverts et les deux poings crispés ramenés sur la poitrine; sa physionomie portait les traces de la terreur dont elle avait été saisie au moment où la maison s'effondrait sur elle.

Que de drames poignants! quelles cruelles souffrances ont dû étreindre ces malheureux habitants de Verdun, réveillés ainsi pour mourir!

Et la campagne! cette belle contrée aux vertes prairies et aux moissons luxuriantes que traverse l'Ariége. Que de désastres! que de ruines amoncelées dans la fatale nuit du 23 au 24 juin! On estime, dès à présent, à près de deux millions les pertes du département de l'Ariége.

II

A Auch, le 23 juin, les bas quartiers de la ville étaient littéralement submergés. La vallée du Gers, en amont comme en aval, ne présentait qu'une immense nappe d'eau, et la rivière, transformée en torrent, charriait des voitures et des débris de toute sorte. On n'avait pas vu, depuis 1855, l'eau atteindre une pareille hauteur.

Plusieurs ponts emportés, moulins envahis, routes de Fleurance et de Lectoure inondées. Pont sur l'Adour détruit. Chemin de fer inondé du côté de l'Isle-de-Noé.

A Masseube, graves dégâts. La plaine offre un aspect désolé, récoltes détruites, digues qui bordent la rivière crevées, ponts et terres emportés. Les nouvelles des villages du canton disent que les petits ruisseaux, subitement grossis, ont causé beaucoup de ravages. Pas de morts à déplorer.

A Gimont, la Gimone ayant considérablement grossi et rompu ses digues, les maisons ont été inondées et fortement ébranlées. Quelques-unes se sont écroulées, mais on ne signale pas de victimes.

Les plus grands dégâts paraissent avoir été occasionnés par le débordement de la Save. On nous mande de l'Isle-en-Jourdain que les pertes en blés, avoines, maïs, luzernes, sont immenses. Le soir du 23, vers 6 heures, nouvelle crue. L'eau ne connut plus d'obstacles et tout fut envahi; vignes et récoltes furent emportées; jamais calamité pareille à une époque aussi avancée.

La Save envahit les faubourgs de l'Isle, le *Pont-Perrue* et la *Bascoulette*. Quinze ou seize maisons se sont effondrées dans la nuit. L'abattoir, les maisons Pousin, Marnac, Prince, Mazères, Salles, Bernières, Briffon, Lochès, Marcassus, Roussel, Auriol, Lasserre, etc., etc., ne sont qu'un amas de décombres. Pas de morts.

Deux gendarmes, le maréchal-des-logis Lacaze et le gendarme Labroquère, ont failli être victimes de leur dévouement. En allant prévenir les habitants du nord de l'Isle, ils furent entrainés par le courant et se réfugièrent à grand peine sur un tertre, entouré d'eau de tous les côtés, d'où ils n'ont pu être dégagés que le lendemain matin.

III

Les populations riveraines de l'Aude ont subi de grands désastres, mais au moins ils ne sont que matériels, et l'on ne nous a pas signalé de victimes.

Dès le 22 juin, à six heures du soir, la crue de la rivière était arrivée à la hauteur de 2 mètres à l'étiage du Pont-Vieux. Le lendemain matin, à neuf heures, l'eau s'élevait jusqu'à 5 mètres 50 centimètres. Dès lors, la rivière débouche de tous les côtés : de Patte-d'Oie, elle arrive au pied de la propriété Mayrevieille ; elle couvre toute la plaine ; toute l'ile se trouve sous l'eau. Le passage du faubourg de la Barbecane était interrompu à neuf heures du matin. La route de Carcassonne à Montredon, à cette même heure, était envahie par l'eau inondant tous les environs.

Dès six heures du matin, les soldats du 15e de ligne, logés à la caserne Sainte-Marie, ont été obligés de monter au premier étage tous les objets qui se trouvaient au rez-de-chaussée et de décamper au plus vite. A onze heures du matin, l'eau était à 100 mètres de la caserne et envahissait les chantiers de bois qui se trouvent à côté.

A Cuxac, près Narbonne, la hauteur de l'Aude a été de 5 mètres 58 centimètres. L'eau débordait par une grande brèche, et la route de Coursan était interceptée.

A Limoux, la rivière n'a pas atteint le niveau de 1872 ; grâce aux précautions prises, les désastres ont été prévenus ;

il ne s'est produit qu'un éboulement sur la route entre Alet et Couiza.

IV

Sauf les récoltes perdues par suite des pluies persistantes qui sont tombées dans toute la région du Midi, ce département n'a pas, à proprement parler, beaucoup souffert de l'inondation, si nous le comparons aux autres.

Dès le premier jour, on avait parlé de nombreuses victimes, car, à Tarbes, le pont était couvert de monde, trop occupé à voir passer, non sans une douloureuse émotion, des arbres, des barrières, des meubles, pour se douter du danger qu'il courait. A une heure moins un quart, des ouvriers, en voyant l'eau se briser avec fracas contre les piles du pont et les flots venir lécher le sommet des arches, virent le mur se fendre; ils signalèrent le danger et invitèrent les gens à se retirer au plus tôt. Sur le premier moment, on sembla ne tenir aucun compte de cette observation, mais bientôt une oscillation se fit sentir et jeta l'épouvante; quelques secondes après, une détonation semblable à plusieurs pièces d'artillerie se fit entendre, : c'était le pont qui venait de s'écrouler, entraînant quelques malheureux dans le fleuve. On assure qu'il n'en est tombé que quatre et qu'ils ont pu se sauver..

Ce pont de Tarbes datait de un siècle et demi, et sa solidité, qui paraissait à toute épreuve, avait résisté à de nombreuses inondations. L'Arsenal a été un peu endommagé.

La campagne, et notamment la vallée de l'Arros, si belle et si fertile, a été fort éprouvée. Le débordement de la Neste et celui du canal de dérivation ont causé quelques ravages à Hèches. Toutes les routes ont été interceptées pendant plusieurs jours; et l'on parle sur le littoral de quelques maisons écroulées et d'une usine détruite.

Les stations thermales n'ont pas souffert.

Les dégâts sont graves à Vic, Camalès, Maubourguet. A Artagnan, trois maisons ont croulé. Pas de victimes.

Des Basses-Pyrénées, on ne signale que peu de dégâts, sauf dans la vallée de Tardets. Tous les ponts, y compris le pont métallique de Tardets-sur-le-Saison, ont été emportés. Les pertes dans les champs sont considérables.

La plaine d'Orthez n'a pas trop souffert, quoique les levées de Lacq et d'Argagnon aient été enlevées. Rien non plus à signaler à Saint-Palais et à Saint-Jean-Pied-de-Port.

Une seule victime. Un berger a été trouvé mort à Arudy, sur la montagne de Jaut.

V

Le fléau a fait également des ravages dans le Tarn-et-Garonne. Montech et le village de la Mirole ont été envahis par les eaux. Dans cette dernière localité, plusieurs maisons ont été détruites, et les habitants n'ont pu être sauvés qu'à grand'peine.

Mais c'est surtout à Moissac et à Castelsarrasin que les ravages sont grands et les victimes nombreuses. Quels désastres! que de morts! que de ruines! De Verdun-sur-Garonne à Saint-Nicolas-de-la-Grave, la plaine que traverse le fleuve a été littéralement dévastée. Pas une métairie debout, parmi tant de riches métairies! et que de victimes!

A Golfech, village important et situé à quelques kilomètres de la Garonne, seules quatre constructions sont restées debout. Le pont de Lamagistère a été emporté, et les maisons du bord de l'eau sont englouties. Dans la commune de Castelsarrasin, les hameaux de Bènes et de Courbieu sont totalement détruits.

Le faubourg de Saint-Nicolas-de-la-Grave est fortement éprouvé : trois cents demeures détruites, deux cents familles sans foyer, vingt-cinq hommes, femmes ou enfants morts, deux cent cinquante bestiaux submergés... tel est le bilan de cette fatale nuit.

A Moissac, les eaux du Tarn, légèrement grossi, retenues et refoulées par le débordement de la Garonne, ont inondé la partie de la ville située entre le canal latéral et le Tarn. Une centaine de maisons se sont écroulées vers le matin avec des bruits terribles.

Grâce à une percée faite au canal en temps opportun, l'on a pu préserver tout un quartier populeux. C'est un des citoyens de Moissac, nommé Malderac-Lapierre, qui le premier a donné l'idée de ce percement. De courageux dévouements se sont produits sur tous les points attaqués par l'inondation.

Moissac peut citer les noms de Thial père et fils, de Philippe Laboue, de Blaise Garrigues, etc. Ces hommes énergiques ont puissamment contribué au sauvetage des personnes et des mobiliers.

Dumons-Bacou et Bedel de Belleperche ; Sissac frères, de Castelsarrasin ; les frères et cousins Alyagrès, de Courbieu ; Langlade, frère de l'usinier de Castelsarrasin, ont sauvé au péril de leur vie plusieurs centaines de personnes. Rendons hommage à ces citoyens héroïques, qui, sans songer à la récompense, se sont jetés tout entiers dans le danger ; ceux-là méritent d'être cités les premiers comme exemple, qui, mus par un grand sentiment d'humanité, ont fait spontanément leur devoir.

La plupart de ces braves gens sont des pères de famille ; quelques-uns sont pauvres et, de plus, frappés par le fléau. Ne les oublions pas : qu'une plaque commémorative rappelle leurs noms aux générations à venir. Les *puffs* et réclames ne manqueront point à de moins méritants, et ceux que, de tout temps « leur grandeur attache au rivage, » auront toujours une large part de louange banale dans les journaux et les rapports tant officiels qu'officieux.

A Castelsarrasin, les victimes sont nombreuses, cinquante au moins. A Moissac, où cent soixante-dix maisons ont été détruites, on n'a à déplorer que la perte de trois personnes, deux femmes et un enfant, victimes de leur imprudence. A Lamagistère, on nous parle d'une vingtaine de personnes englouties. On nous dit enfin que, d'après un tableau statistique, il y aurait dans le Tarn-et-Garonne 64,000 hectares submergés, et 8,000 maisons écroulées. Un journal de ce département évalue à 10 millions 300,000 fr. les pertes subies. Encore, dans les villes, le dénombrement funèbre peut être fait; mais, dans les campagnes, qui nous dira tous les secrets de la mort? Bien des maisons de cultivateurs, isolées dans les terres, se sont écroulées. Que sont devenus les habitants surpris par le fléau? On pourra retrouver les victimes ensevelies sous les décombres, mais combien le torrent irrité a dû en rouler et entraîner au loin! Les larmes montent aux yeux, les sanglots étreignent la gorge au récit et à la vue de tant de misères et de deuils.

LOT-ET-GARONNE

I

Après celui de la Haute-Garonne, c'est, à coup sûr, le département qui a le plus souffert. Les désastres sont loin de pouvoir être comparés aux nôtres; ils sont terribles pourtant, mais ils ne sont pas sans exemple dans les siècles passés.

L'inondation foudroyante de rapidité de la *Saint-Jean* — c'est ainsi qu'on la nomme à Agen — a surpris cette ville et tout le territoire baigné par la Garonne et ses divers affluents.

La voie ferrée du Midi, qui coupe en travers et presque en ligne droite toute la grande plaine de Sauveterre, à partir de la station de Bon-Encontre jusqu'au pont-viaduc de Saint-Pierre-de-Gaubert-sur-Garonne, et de ce pont jusqu'au village de Layrac, forme une sorte de barrage par la hauteur même de ses remblais.

Ces remblais, d'une étendue de 4,000 mètres de longueur environ, n'offrent d'autre débouché que les 17 arches de 21 mètres 65 centimètres d'ouverture, non compris un autre pont sur le ruisseau de l'Estressol, en aval de Layrac. Ce barrage a retenu les eaux accumulées dans les plaines de Sauveterre, Saint-Nicolas (rive gauche) et celles de Saint-Jean-de-Thurac et Ostende (rive droite), à tel point que le rehaussement a fait rentrer les eaux du fleuve dans le lit du canal latéral à la Garonne, et par cette invasion allait provoquer une submersion d'Agen par cette artère navigable, placée à 2 mètres en amont de la ville. Mais malheureusement le barrage de la voie ferrée s'est crevé dans la plaine, et alors l'eau emmagasinée a fait irruption et a fondu vers l'aval, c'est-à-dire vers Agen, avec la vitesse des gaves.

En un clin d'œil, les banlieues de Boé, du Quinault, de la Californie, etc., ont été ensevelies sous les flots. Le faubourg du Pin, la route Neuve, le cours de Trénac, la Plate-Forme, les Prisons, le Palais-de-Justice, la Préfecture, le grand Séminaire et surtout Descayrac, avaient le même sort. Les grandes rues Porte-Neuve, Saint-Jean, du Temple et Saint-Gilis ont amené le fléau au cœur de la cité. Les magasins étaient ouverts, les étalages des marchandises dans toutes les vitrines. Le signal d'alarme n'ayant pas été donné, on doutait encore de l'événement. Cruelle déception que le commerce expie par la perte de millions de produits de toute sorte ! le négoce local servant essentiellement d'entrepôt aux besoins de plusieurs départements circonvoisins.

Cette énorme crue plongeait la population entière dans la plus horrible consternation. Elle montait de 30 à 35 centimètres à l'heure depuis 4 heures 1/2. A 9 heures, elle a atteint son apogée de 11 mètres 39 centimètres au-dessus de l'étiage. A cette hauteur, elle surpasse :

1° Celle du 5 juin 1855, qui était de 10m06 ;
2° Celle du 5 avril 1770, qui atteignait 10m89 ;

Enfin, elle est inférieure à celle du mois d'octobre 1435, dont les annales fixent la cote approximative à 12m50.

Les misères engendrées par ce désastre sont incalculables. Il serait difficile, à défaut d'enquête, de préciser le détail des malheurs survenus, des personnes noyées, des maisons renversées, des effets mobiliers enlevés ou dégradés, du bétail qui a été entraîné à la dérive. Sur une surface moyenne de 60,000 hectares, entre Toulouse et Langon, le fléau a promené ses ravages. En 1770, ils furent évalués à vingt millions de livres ; en 1855, à vingt-quatre millions de francs. Il est permis de penser que ces chiffres seront aujourd'hui au-dessous de la réalité, par ce fait que toutes les récoltes de l'année étaient sur pied à l'heure de l'accident fatal, et que le négoce y a plus largement participé.

Les voies ferrées de la compagnie du Midi ont été interceptées et très gravement endommagées entre Agen et Toulouse, Agen et Auch, et Bordeaux.

Une des causes de l'inondation exceptionnelle qui a eu lieu à Agen est attribuée à la simultanéité des crues de la Garonne, du Tarn et de leurs affluents, ce qui est sans précédent connu.

Un phénomène encore plus curieux à noter, c'est que l Lot est resté étranger à cette formidable crue. L'accroissement qu'il eût donné à partir d'Aiguillon à Tonneins eût été incalculable, s'il avait subi l'influence générale des autres rivières.

II

Dans la ville d'Agen, le sauvetage a été fort difficile e nombreuses sont les victimes. Larrat en compte sept. En amont du Pont, un enfant a été enseveli sous les décombres de la maison Quillot. En aval, dans la maison Ducourneau deux victimes : M. Ducourneau, dont le cadavre aurait été, dit-on, retrouvé étreignant un arbre du Gravier ; le cadavre de Mª Ducourneau n'a pas reparu.

Dans la maison de la veuve Pintoux, deux victimes : un militaire du 87ᵉ et une marchande de volaille octogénaire. Dans la maison du capitaine Artigalas, deux victimes : la mère et la sœur du capitaine.

A ces dernières, se rattache un trait sublime de piété filiale que relève notre confrère, le *Réveil*, d'Agen. Mᵐᵉ Artigalas était très âgée et infirme. Le capitaine Artigalas a fait tous ses efforts pour sauver sa mère ; efforts inutiles ! « Sauvez-vous ! criaient les voisins à Mˡˡᵉ Artigalas. Si vous restez, vous êtes morte ! » — « Eh ! bien, peu m'importe, dit-elle, si je meurs, je mourrai avec ma mère ! »

Non loin de là, un drame encore plus poignant.

M. Oulwig, professeur de chimie au Lycée, logeait avec sa femme et une fillette de six ans dans la maison Ducourneau. L'eau montait toujours. Les familles Ducourneau et Oulwig montèrent sur la toiture de leur maison. Les cloisons tombaient, la maison s'ébranlait. Ils se réfugièrent sur la maison voisine. Cette maison trembla à son tour. Il fallut émigrer. Mᵐᵉ Ducourneau était restée sur sa maison et avait disparu avec elle. Ducourneau ne se sentit pas le courage de suivre M. Oulwig, à qui il confia sa petite-fille, ravissante enfant d'une douzaine d'années. « Allons! lui cria Oulwig, allons! Ducourneau, de l'énergie, du courage, suivez-nous! » Ducourneau, désespéré, voyant sa femme morte, ne lutta plus. « Je vous confie l'enfant, dit-il à Oulwig, sauvez-vous! Adieu! » La maison s'effondra; il disparut dans la fumée des décombres!

M. et Mme Oulwig et ces deux enfants virent s'écrouler derrière eux trois toitures; ils avaient émigré sur la quatrième, sur la maison Vivès, sur laquelle ils étaient montés à l'aide d'une chaise. C'est là que la famille Oulwig et la petite Ducourneau ont été recueillies. M. Oulwig a tout perdu, et Mme Oulwig était comme folle !

Comme à Toulouse, comme sur tous les points de la catastrophe, des actes de dévouement ont été accomplis. Dès le premier jour, à Agen, surgirent trois hommes, trois héros; ce sont les marins Larrat, Bissières et Durrain. A eux seuls, ces intrépides sauveteurs ont ravi à la mort près de quatre-vingts personnes. En inscrivant ici leurs noms, nous ne sommes que l'interprète de la population agenaise, et nous espérons que de pareils traits d'héroïsme ne resteront pas sans récompense. Comme chez nous, l'armée a été admirable d'abnégation et de dévouement.

Il ne nous est pas possible encore d'évaluer bien exactement les pertes de toute nature occasionnées par le fléau. Mais nous croyons ne pas exagérer en les évaluant à plus de 80 millions pour le département de la Haute-Garonne; celles du Lot-et-Garonne, à 26 millions; celles des Hautes et Basses-Pyrénées, de l'Ariége, de l'Aude, etc., à 15 millions. A cela, non compris, bien entendu, les pertes des chemins de fer, routes, etc. Et les victimes!... Hélas! qui nous en dira le nombre?

Nous voici arrivés au terme de la terrible nomenclature des désastres de l'inondation, nomenclature bien incomplète, mais plus que suffisante pourtant à faire apprécier les misères et les ruines entassées en une seule nuit dans les départements les plus riches du midi de la France.

ÉPILOGUE

I

Au milieu de la consternation dans laquelle nous a plongés la catastrophe sans précédents dont nous venons de donner une faible idée, ce nous est un grand soulagement de constater que, dès le premier jour, les sentiments d'humanité et de bienfaisance se sont manifestés avec un élan admirable. Ils ont su prendre toutes les formes : souscriptions publiques ou dues à l'initiative privée, concerts et représentations théâtrales, dons en nature, ambulances improvisées à la hâte, etc., etc. Tous les moyens ont été mis en œuvre pour venir en aide à nos malheureux compatriotes : l'industriel a offert les produits de ses manufactures; on a vu le modeste artisan livrer son salaire, le littérateur — l'artisan de la pensée — a donné ses droits sur les productions de son intelligence; tous ont eu à cœur de subvenir aux besoins les plus pressants.

Un autre devoir restait à accomplir : reconnaitre publiquement l'héroïsme et l'abnégation déployés par nos braves soldats pendant la catastrophe. Les mandataires de la cité n'y ont point failli, et ils ont su s'élever à la hauteur des circonstances. Après avoir voté, comme premier secours, un crédit de cent mille francs, notre Conseil municipal a pris, à l'unanimité, la délibération suivante :

« La population de Toulouse a été témoin du dévouement plein d'intelligence et d'abnégation montré sur tous les points par la garnison tout entière. Elle porte le deuil des braves soldats victimes de leur générosité, comme elle porte celui de ses propres enfants.

» En conséquence, le Conseil municipal, organe naturel des sentiments de la population, décide :

» Art. 1er. — La garnison de Toulouse a bien mérité de la cité!

» Art. 2. — Une plaque de marbre, reproduisant le texte de la présente délibération, conservera le souvenir du dévouement de l'armée et les noms des soldats et des citoyens qui sont morts pour sauver les victimes de l'inondation.

» Art. 3. — Les familles des militaires victimes de leur dévouement seront associées, si leur position le réclame, à la distribution des secours votés par le Conseil. »

Ce langage, magnifique dans sa sobriété, en dit plus que de longs discours, et les braves auxquels il s'adresse en conserveront un précieux souvenir. Pourtant, nous voudrions autre chose encore. Notre Conseil élu ne trouverait-il pas bon de décider qu'une médaille commémorative serait offerte à nos soldats, qui l'attacheraient à la hampe de leurs drapeaux? Cette récompense civique, placée ainsi au milieu d'attributs militaires, leur rappellerait que des citoyens dévoués, partageant les mêmes périls, ont conquis la même gloire, et que, vraiment, le peuple et l'armée ne font qu'un.

II

Le chef de l'État, à son tour, a voulu se rendre compte par lui-même de l'étendue de nos désastres, et porter ses secours et ses consolations aux victimes. C'est avec respect et une visible sympathie que nous avons salué le premier magistrat de la République; mais, tout à notre deuil, nous avons dû garder une silencieuse réserve.

Hélas! il ne devait pas tarder à donner son approbation à cette attitude, et il a pu se convaincre, en parcourant nos ruines, que tous les récits qu'il avait entendus étaient bien au-dessous de la réalité. Pendant sa visite au faubourg Saint-Cyprien, le Maréchal, ému de tant de misères, a fait signe aux gendarmes et aux agents de police de laisser approcher la foule :

« Messieurs, a dit le Président de la République, vous
» avez subi des désastres au-dessus de toute expression.
» L'Assemblée nationale a déjà voté une allocation, mais,
» lorsqu'elle connaitra toute l'étendue de vos malheurs, nul
» doute qu'elle ne vote le nécessaire; nous ferons tout
» notre possible afin d'adoucir votre sort. »

Un incident touchant s'est alors produit. Un malheureux inondé, vêtu de ses habits de travail, — la seule chose, hélas! qu'il ait pu sauver, — couvert de poussière et de boue, s'est avancé spontanément vers le Maréchal et lui a tenu à peu près textuellement ce langage :

« Monsieur le Président, vous avez pu voir les malheurs
» que nous avons subis : la population de Saint-Cyprien a
» tout perdu et elle a été décimée. Père de famille, je parle
» au nom de tous les pères de famille; nous sommes sûrs
» que vous vous souviendrez de votre promesse. »
« — Oui, comptez-y », a répondu le Maréchal.

Après avoir visité Fenouillet, ce village si éprouvé, les Amidonniers et le Bazacle, où M. Roux, l'ingénieur de cet établissement, lui a remis, au nom des usiniers, une pétition établissant la nécessité de réparer la chaussée et de construire une digue propre à préserver des inondations de la Garonne ce centre industriel et populeux, le Président de la République a repris le cours de sa pénible excursion au milieu des ruines et des décombres des départements voisins.

A Montauban, Moissac, Castelsarrasin, Foix, Muret, Auterive, Cintegabelle, Villefranche, Carcassonne, Narbonne, Agen, partout, le chef de l'Etat a retrouvé le même accueil empressé, et la population du village de Nailloux, épargné par le fléau, qui avait dressé en son honneur un arc-de-triomphe champêtre avec cette inscription : Au Président de la République Française, lui a prouvé combien nous eussions été heureux de le recevoir dans des circonstances moins douloureuses. Le Président a, partout, distribué quelques secours personnels ; et, avant de quitter Auterive, il a remis la croix de la Légion d'honneur à un garde-pêche sauveteur qui, plein d'émotion, a porté à ses lèvres cette récompense de son dévouement. Deux braves gendarmes ont reçu la médaille militaire et deux intrépides habitants ont reçu la promesse de médailles d'honneur.

Ainsi s'est terminé le voyage du Président de la République, qui ne manquera pas, nous en sommes certains, de produire un excellent résultat pour le présent et dans l'avenir.

III

Les premiers bienfaits s'en font sentir déjà. L'Assemblée a voté un crédit important, et une souscription nationale, placée sous le haut patronage de la duchesse de Magenta, a récolté déjà près de deux millions.

Pendant ce temps, l'initiative privée ne se ralentit pas. A côté des Comités officiels, se sont institués des Comités indépendants pour répartir les sommes qu'on veut bien leur confier. Les offrandes abondent dans tous, et c'est ainsi que le Comité formé par les journaux républicains le *Progrès libéral* et la *Dépêche*, dont la présidence a été dévolue à M. Ebelot, ancien maire de Toulouse, a récolté en quelques jours plus de cent mille francs, et en a déjà distribué près de trente mille en petits secours, qui permettent aux malheureux d'attendre les allocations plus importantes des Comités officiels.

L'initiative privée a su donner toutes les formes à la bienfaisance. Les représentations théâtrales organisées sur les diverses scènes de Paris ont été très productives ; Toulouse a suivi cet exemple, quoique avec moins d'empressement, et l'on comprend, en effet, que nous n'ayons point le cœur aux divertissements. Nous devons signaler cependant la représentation qui a eu lieu dans notre ville, samedi 3 juillet, car deux de nos artistes ont dit l'œuvre de M. de Bornier, l'auteur de la *Fille de Rolland*, qui, dans un magnifique langage, nous apportait l'expression des sentiments de Paris à notre égard. Nous regrettons que le défaut d'espace ne nous permette pas de reproduire ces beaux vers.

En outre, jeudi dernier a eu lieu, au Pensionnat des Frères, un grand concert qui a été fort productif. Nous apprenons aussi que le directeur de l'École Galin-Paris-Chevé organise quatre grands concerts populaires, qui seront donnés dans la vaste salle du Cirque, avec le concours de la musique de l'École d'artillerie. Le premier de ces concerts aura lieu le dimanche 18 juillet, et l'on nous informe qu'une cantate, composée spécialement pour la circonstance, y sera exécutée par plus de trois cents chanteurs.

Ce n'est pas tout, et la bienfaisance a su étendre son rayonnement. La nouvelle de nos désastres a causé une impression douloureuse sur tous les points de la France. De toutes parts, des souscriptions sont ouvertes, et les citoyens montrent un fraternel empressement à verser leur offrande. L'or du riche et l'obole de l'ouvrier témoignent, à un égal degré, du noble sentiment de solidarité qui unit indissolublement tous les enfants de la France. Cette vertu, la plus vivace peut-être dans notre malheureuse patrie, éprouvée depuis cinq ans par de si cruels fléaux, fait de tous les Français une même famille.

Dans les grandes et les petites villes, les Conseils municipaux se sont empressés de voter des secours; celui de Paris a voté une somme de 200,000 francs.

« Le cœur de la France entière est ému, s'écrie le *Bien public*; la solidarité qui nous unit tous et qui seule peut faire de nous un grand peuple s'affirmera, dans ces tristes circonstances, par des dons abondants et des secours empressés. »

C'est, en effet, la France entière qui concourt à atténuer nos malheurs; et nous lisons dans le *National :*

« Un immense désastre frappe en ce moment une partie de nos départements du Midi. Une inondation sans exemple dans les fastes du pays a répandu de toutes parts la désolation et la mort.

» Que pourrions-nous dire de plus que ce que disent les nombreuses et désolantes dépêches qui nous arrivent de minute en minute?

» En les lisant, chacun ressentira comme nous une immense consternation en présence de l'impuissance où l'homme se trouve de parer à une si grande catastrophe et d'arrêter un si épouvantable fléau.

» Mais ce que nous pouvons tous faire, c'est, en éprouvant ce sentiment de solidarité qui doit unir tous les enfants d'une même patrie, et qui est le propre surtout du régime républicain, de nous préparer à venir, chacun dans la proportion de nos ressources, en aide à de si cruelles infortunes. »

Ailleurs, c'est M. Eugène Réveillaud, rédacteur en chef de l'*Avenir républicain*, de Troyes, qui faisait précéder de ces quelques lignes sa première liste de souscription :

« C'est dans de pareilles occasions que nous devons montrer que nous comprenons le devoir de solidarité et de fraternité qui s'impose à tous les hommes et particulièrement aux enfants d'une même patrie. Qu'on se colise pour venir en aide à tous ces malheureux ! Que riches et pauvres apportent leur obole pour soulager tant d'infortunés qui crient à l'aide! Qui sait ce que l'avenir nous réserve, et si, dans des calamités analogues, nous n'aurons pas besoin du secours de nos frères! Nous faisons appel à tous nos amis, ou plutôt à tous les amis de l'humanité. Notre appel ne peut manquer d'être entendu. »

Le *Temps*, le *Siècle*, la *République française*, le *Rappel*, etc.; les journaux de Lyon, de Marseille, de Bordeaux, du Hâvre, de Nantes, de Montpellier et de toutes les villes de France, tiennent le même langage et font d'éloquents appels au nom de la solidarité. Les souscriptions abondent chez nos confrères.

Nous ne saurions dire combien nous sommes touchés de la sympathie que la catastrophe a éveillée dans le cœur de tous nos compatriotes. Mais ne devons-nous pas un remerciement spécial, plus ému — que l'on nous pardonne cette expression — à ces braves populations de l'Est qui, oubliant leurs récents désastres, non encore réparés, veulent contribuer, dans la mesure de leurs forces, à l'adoucissement de nos propres malheurs ?

Nos braves frères séparés, faisant taire pour un moment leur deuil, n'ont pas été les derniers à venir à notre aide, et voici en quels termes émus un de leurs journaux, l'*Industriel alsacien*, nous annonçait son fraternel concours :

« ..... Mais ce n'est là qu'une goutte d'eau dans un gouffre, disait ce patriotique journal, en parlant des sommes allouées par les diverses assemblées, et, si l'on veut que les secours soient efficaces, il faut faire un pressant appel à la charité privée. Voilà pourquoi nous ouvrons aujourd'hui une souscription qui obtiendra, nous l'espérons, de promptes et généreuses adhésions. Jamais, en effet, on ne s'est adressé en vain aux sentiments de charité et d'humanité de l'Alsace, et particulièrement de Mulhouse. »

L'initiative prise par notre confrère de Mulhouse est un appel qui éveille en nous, on le comprend, des souvenirs que la France ne saurait oublier. Nous le remercions du fond de l'âme, et en ajoutant un seul mot, nous craindrions d'affaiblir l'expression de ce que nous éprouvons en apprenant que l'Alsace, elle aussi, vient au secours de nos pauvres inondés.

Disons seulement que cet appel a été entendu. Indépendamment des souscriptions particulières ouvertes en Alsace, la ville de Mulhouse a fait parvenir au Maire de Toulouse une magnifique offrande de 10,000 francs.

Cette ville, comme toutes celles de l'Alsace, a prouvé

qu'elle est demeurée française par le cœur. En venant au secours de la mère-patrie, nos frères ont resserré les liens qui les unissaient à nous.

Merci à eux ! merci à la presse qui se charge de provoquer les souscriptions et de les centraliser. L'appui qu'elle nous prête est apprécié à sa haute valeur, et des milliers de malheureux en conserveront le souvenir ému et reconnaissant.

Grâce à elle, grâce à sa publicité, la catastrophe qui nous a frappés s'est transformée, dès le premier jour, en un véritable deuil national, que chacun a eu à cœur d'adoucir. Ce n'était point assez : leurs récits ont franchi les limites de notre territoire, et le monde s'est senti ému. Les journaux de l'Amérique, de l'Angleterre, de la Suisse, de la Belgique, de la Russie ont ouvert des souscriptions, organisé des représentations théâtrales au bénéfice des inondés du midi de la France. A Londres, la souscription ouverte par le lord-maire dépasse déjà 4,000 livres sterling ; Édimbourg et Manchester suivent cet exemple et souscrivent avec empressement.

En affirmant ainsi la solidarité humaine, les hommes généreux donnent un grand et noble exemple ; ils mettent en action cette belle maxime, émanée de la morale la plus pure et que tous les grands cœurs doivent propager : Les hommes et les peuples sont frères !

Que cette pensée nous soutienne dans notre deuil. Grâce à la généreuse initiative des citoyens, nous nous relèverons de nos désastres ; nous puiserons une nouvelle énergie dans nos malheurs. Alors, nous serons un grand peuple, digne de notre propre estime, digne de la touchante sympathie que nous témoigne le monde entier.

LOUIS BRAUD,
Rédacteur en chef de la *Dépêche*.

Imprimerie SIRVEN, Toulouse

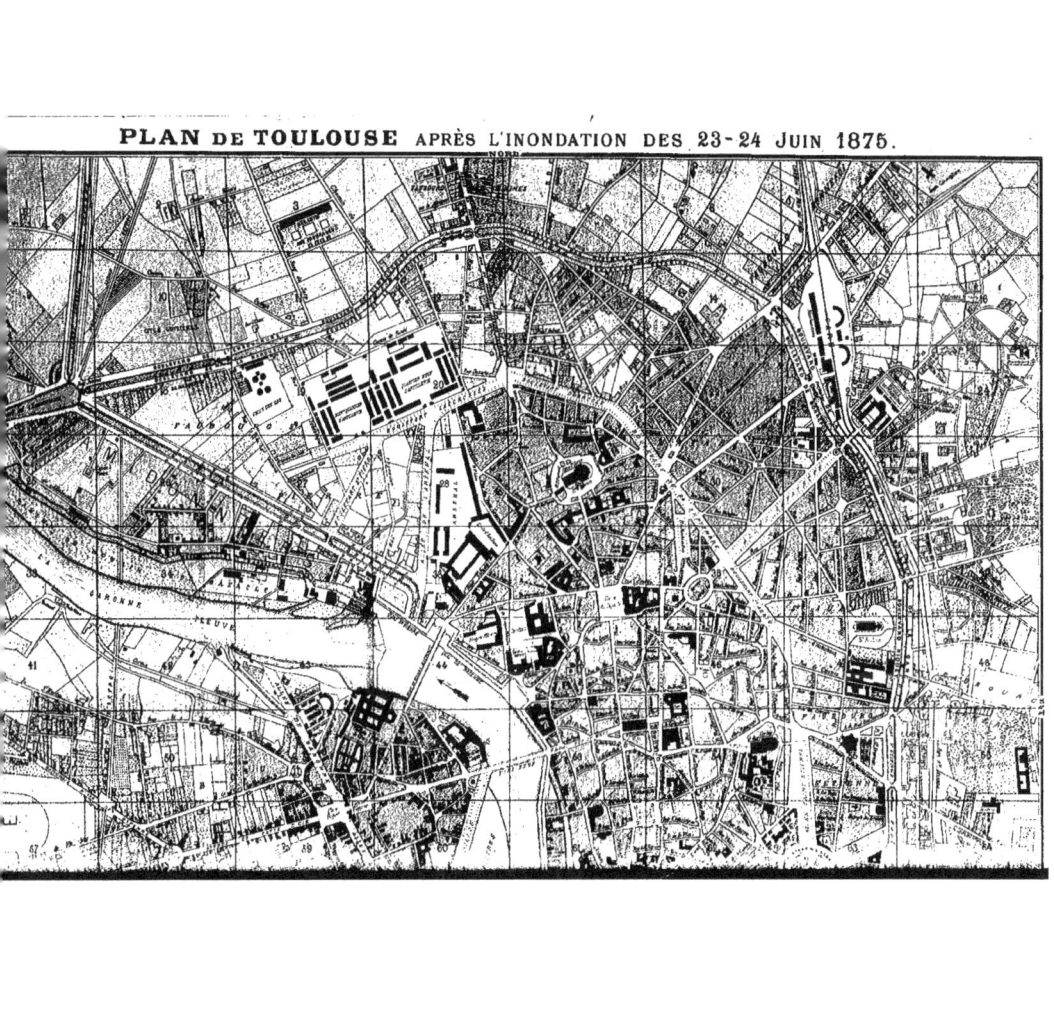

PLAN DE TOULOUSE APRÈS L'INONDATION DES 23-24 JUIN 1875.

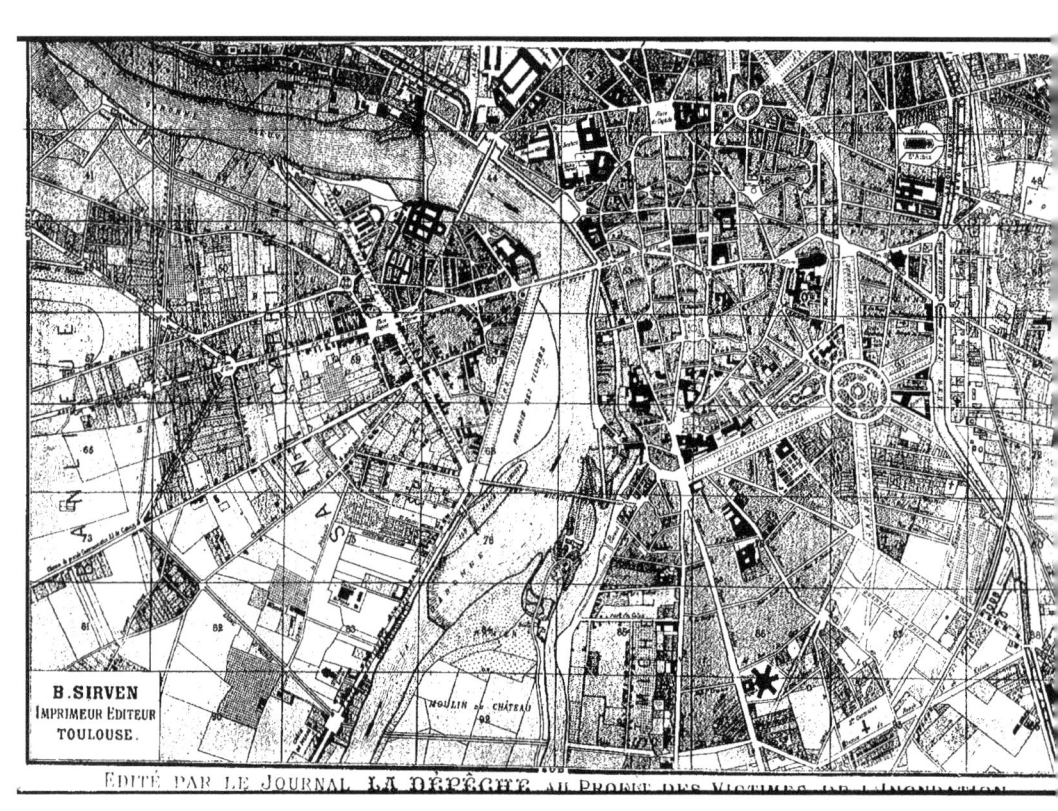

www.ingramcontent.com/pod-product-compliance
Lightning Source LLC
LaVergne TN
LVHW050601090426
835512LV00008B/1280

www.ingramcontent.com/pod-product-compliance
Lightning Source LLC
Chambersburg PA
CBHW060150100426
42744CB00007B/974